直前
1カ月で
受かる

英検®

改訂版

準**1**級の

ワークブック

KADOKAWA

Introduction

合格に向けて
「正しい対策」

　本書の執筆にあたっては、英検準1級合格に向けて「正しい対策」を伝えることを常に意識していました。特に、配点の高いライティングや、漠然とした対策しかできないと言われるスピーキングに関しては、どの問題集よりも丁寧に解説することを心がけました。この問題集で、英語が得意な生徒はさらに英語力を伸ばせると思いますし、逆に苦手な生徒でも英検準1級に合格するために必要なポイントを効率よくおさえられるようになっています。

　他の級は合格したものの準1級はなかなか合格できないという声もありますが、きちんと対策すれば必ず合格につながります。毎日コツコツ頑張っていきましょう！

この問題集にはいろいろなこだわりが詰まっていますが、ライティングやスピーキングの解答例には特にこだわりました。英検準1級の受験生が実際に書くことができる、話すことができる解答を載せています。「模範解答が難しすぎて自分では書けない、話せない」という状態をできる限りゼロに近づけたいと思っています。

試験当日にこの問題集を「お守り」代わりに持っていけるくらい使い込んでもらえたらうれしいです。Good luck！

Contents

Chapter 1

書

Writing

Chapter 2

話

Speaking

＊本書は2020年9月に小社より刊行された『直前1カ月で受かる 英検準1級のワークブック』を改訂し、再編集したものです。

＊本書の内容は2023年12月時点での情報に基づいています。

本書の特長と使い方

本書では英検準1級で実際に出題された過去問題を4つの技能すべてにわたって丁寧に解説しています。一問一問を丁寧に解くことで受験の直前1カ月に取り組んでも間に合う内容になっています。早速今日から取り組んでみましょう。

（※）本書の問題部分の（　）には英検の出題年度・回を示しています。

■ ポイント解説

大問ごとに出題と解き方の **Point** を提示。
Point を知ることで、効率よく攻略できます。

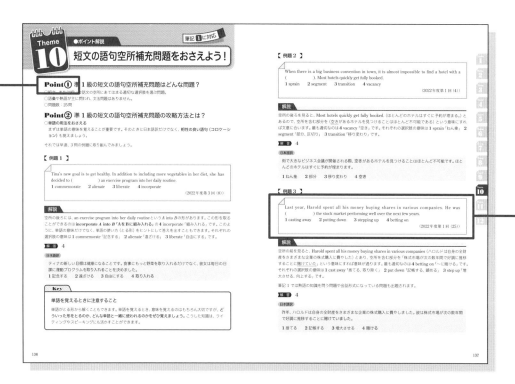

ポイントを理解したあとは実際の問題で演習しましょう。
リスニングとスピーキングには音声も付いています。
ネイティブスピーカーによる本番さながらの
音声で、聞く力も鍛えられます。

トレーニング問題

実際の過去問題から精選された問題を使って演習しましょう。

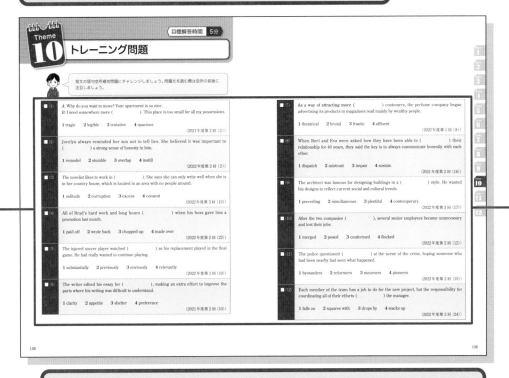

問題形式に慣れるだけでなく、語彙力等、総合的な英語力が身につきます。

音声ダウンロードについて

- リスニングおよびスピーキングの音声ファイルは、以下からダウンロードして聴くことができます。
  https://www.kadokawa.co.jp/product/322306000268
  ID workbook-1　**パスワード** 1kyu-1215
- ダウンロードはパソコンからのみとなります。携帯電話・スマートフォンからはダウンロードできません。
- 音声はmp3形式で保存されています。お聴きいただくにはmp3ファイルを再生できる環境が必要です。
- ダウンロードページへのアクセスがうまくいかない場合は、お使いのブラウザが最新であるかどうかご確認ください。また、ダウンロードする前にパソコンに十分な空き容量があることをご確認ください。
- フォルダは圧縮されていますので、解凍したうえでご利用ください。
- 音声はパソコンでの再生を推奨します。一部ポータブルプレイヤーにデータを転送できない場合もございます。あらかじめご了承ください。
- なお、本サービスは予告なく終了する場合がございます。あらかじめご了承ください。

英検準1級の問題について (※1)

◯英検準1級は大学中級程度の内容が問われます。CEFRではB1〜B2レベル (B1、B2：自立した言語使用者) に該当します。

◯問題に取り組む前に、準1級で問われる内容をおさえておきましょう。

一次試験

技能	出題内容	問題数	解答形式	試験時間
リーディング	**短文の語句空所補充** 短い英文や2人の会話文の空所に入る適切な語句を、文脈に応じて選ぶ問題。	18問	●4つの選択肢から選ぶ形式	90分
	長文の語句空所補充 パッセージ中の空所に入るのに適切な語句を選ぶ問題。	6問		
	長文の内容一致選択 説明文などのパッセージの内容に関する質問に対して適切な選択肢を選ぶ問題。	7問		
ライティング	**要約** 与えられた文章を60〜70語の英文で要約する問題。	1問	●記述式	
	意見論述 与えられたトピックに対して意見とその理由などを英文で記述する問題。	1問		
リスニング	**会話の内容一致選択** 2人の会話を聞き、その内容に合う最も適切な選択肢を選ぶ問題。	12問	●4つの選択肢から選ぶ形式 ●放送回数は1回	約30分
	文の内容一致選択 パッセージを聞き、その内容に関する質問に対する答えとして最も適切な選択肢を選ぶ問題。	12問		
	Real-Life形式の内容一致選択 問題用紙に記載された、日常生活に即した状況設定文と質問文を読み、パッセージを聞いて内容に関する質問への答えとして最も適切な選択肢を選ぶ問題。	5問		

技　能	出題内容	問題数	解答形式	試験時間
スピーキング	**自由会話** 面接官と簡単な日常会話を行う。	―	●個人面接 ●面接委員に対して 　答える形式	約8分
	ナレーション 4コマイラストの内容・展開を説明する問題。	1問		
	受験者自身の意見を問う質問 イラストに関連した質問に答える問題。	1問		
	受験者自身の意見を問う質問 カードに書かれたトピックに関連した事柄についての質問に答える問題。	2問		
	受験者自身の意見を問う質問 カードに書かれたトピックにやや関連した、社会的な事柄についての質問に答える問題。	1問		

※1：最新情報は、日本英語検定協会のウェブサイト（https://www.eiken.or.jp/）でご確認ください。

※英検S-CBTについて、問題形式や難易度は従来型の英検と同じですが、解答形式が異なります。コンピュータを用いて実施され、スピーキングテストは解答を録音する形式、リーディング・リスニングについてはコンピュータ画面でマウス操作し解答する形式となります。ライティングは申込手続の際に「筆記型（パソコン画面で問題を読み、解答は解答用紙に手書きで行う）」、「タイピング型（パソコン画面で問題を読み、解答はキーボードで入力する）」のいずれかの回答形式を選択することができます。

英検®について

試験日程

	一次試験	二次試験
第1回	5月下旬〜6月中旬	7月上旬〜7月中旬
第2回	9月下旬〜10月中旬	11月上旬〜11月下旬
第3回	1月中旬〜2月上旬	2月中旬〜3月上旬

※申込締め切りは一次試験のおよそ1カ月前です。

申込方法

個人申込の場合

1. インターネット申込
   日本英語検定協会ウェブサイトから申込が可能です。
2. コンビニ申込
   コンビニ店頭の情報端末機から申込が可能です。
3. 特約書店申込
   願書付きのパンフレットを配布している書店で申込が可能です。

団体申込の場合

学校や塾などで団体申込をする場合が多いので、学校や塾の先生にお問い合わせください。

検定料

	1級	準1級	2級	準2級
価格	12,500円	10,500円	9,100円	8,500円

※いずれも個人申込・本会場での正規検定料となります。なお、こちらに記載しているのは2024年度の検定料です。最新情報は必ず日本英語検定協会のウェブサイトをご確認ください。

※このページの内容は変更される場合もありますので、受験の際は日本英語検定協会のウェブサイトで最新の情報をご確認ください。
※英検S-CBTでは、申込はインターネットからのみとなります。検定料・試験日程は従来型の英検とは異なりますので、必ずウェブサイトでご確認ください。

Chapter
1

Writing

- ポイント解説
- トレーニング問題

意見論述問題をおさえよう！

Point① 準1級の意見論述問題はどんな問題？

○TOPICに対して自分の意見とその理由を120〜150語で書く問題。

○問題数：1問

○問題用紙に記載されたPOINTSの中から2つ選び、解答に含める必要があります。

Point② 準1級の意見論述問題の攻略方法とは？

○採点基準を意識する

　以下は英検のウェブサイトに記載されている評価観点です。このように採点基準は、内容・構成・語彙・文法の4つあります。高得点を狙うために、採点基準に沿ったものを書きましょう。

観点1：内容
課題で求められている内容（意見とそれに沿った理由）が含まれているかどうか

→アドバイス
自分の意見と合わせて、その理由を明確にしましょう。その際に、多様な観点から考えて、意見を支える論拠や説明がより説得力のあるものになるようにしましょう。例えば、理由を書く際に、単純に「安いから」や「便利だから」だけでなく、安くなることがどういうことにつながるのか、また便利になることの具体的な例なども書きましょう。

観点2：構成
英文の構成や流れがわかりやすく論理的であるか

→アドバイス
伝えたい情報の流れや展開を示す表現（接続詞など）を効果的に使って、自分の意見とその理由や英文全体の構成をよりわかりやすくするようにしましょう。

観点3：語彙
課題に相応しい語彙を正しく使えているか

→アドバイス
同じ語彙や表現の繰り返しにならないように、文脈に合わせて多様な語彙や表現を適切に使用して、自分の意見とその理由を十分伝えられるようにしましょう。

観点4：文法
文構造のバリエーションやそれらを正しく使えているか

→アドバイス
同じような形の文の繰り返しにならないように、多様な文のパターンを適切に使用して、自分の意見とその理由をより効果的に伝えられるようにしましょう。

（出典：https://www.eiken.or.jp/eiken/exam/2016scoring_w_info.html）
（※）こちらには2023年12月時点での情報を記載しています。

○設問を理解し、構成を固める

　準1級の英作文では、書き始める前に、設問・TOPICで求められていることを理解することが大事です。次に、それを基に構成を固めましょう。2級よりも書く分量が多いため、この時点で構成を固めておかないと、まとまりのない文章になったり語数が足りなくなったりしてしまい、高得点につながりません。

構成を固める際には以下のような流れを利用するとよいでしょう。

Key

準1級の英作文の構成の型

第1段落：introduction
第2段落：main body 1
第3段落：main body 2
第4段落：conclusion

---

introductionとconclusionに1段落ずつ、main bodyには2つの段落を充てます。main bodyを2段落構成とする理由は、記載されたPOINTSから選んだ2項目に1段落ずつを対応させるためです。その際、それぞれの段落の連続性がとても大切になってきます。
では、各段落をどのように書き、どうつなげていくべきかを、例題に答える形で見ていきましょう。

● *Write an essay on the given TOPIC.*
● *Use TWO of the POINTS below to support your answer.*
● *Structure: introduction, main body, and conclusion*
● *Suggested length: 120–150 words*

TOPIC
Should people trust information on the Internet?

POINTS
● *Learning*　　● *News*
● *Online shopping*　　● *Social media*

（2022年度第2回）

先ほどの「準1級の英作文の構成の型」を使って、各段落で表現したい内容を考えていきましょう。

賛成の立場の場合

第1段落：introduction / 意見の表明

第1段落のintroductionでは、与えられたTOPICに関して自分の意見を述べます。英検準1級の英作文では、与えられたTOPICに対してYesかNo、もしくはAgreeかDisagreeで答えることが求められる場合が多いです。今回のTOPICは、

Should people trust information on the Internet?

（人々はインターネット上の情報を信用すべきか）

ですから、introductionでは「すべき（Yes / Agree）」または「すべきでない（No / Disagree）」のどちらかの意見を述べましょう。**必ずどちらか一方の立場について述べることがポイントです。**「ある部分は賛成だけど、ある部分では反対」と始めてしまうと、目安である120〜150語で説得力のある英文を書くことは難しく、主張もぼやけてしまいます。

シンプルで説得力があり、採点者が読みやすい英作文にするためにも、introductionではYesかNo（AgreeかDisagree）のどちらか一方の立場で書きましょう。

その上で、

> 賛成の場合は**I think that 〜.**
> 反対の場合は**I don't think that 〜.**

を使います。ここではまず賛成の立場で書き進めていきます。

I think that people should trust information on the Internet.

I think that の直後には**TOPICの英文をそのまま借りてきて付け足せばOK**です。これで自分の立場を表明する英文は完成ですが、**この後、main bodyに続ける英文を付け足します。**その英文が、

I have two reasons to support my opinion.

になります。introductionの段落で「理由が2つある」と述べることで、採点者は次の展開がわかりやすくなります。この**I have two reasons 〜.**は定型文として覚えてしまいましょう。

これで、第1段落のintroductionは完成です。

> **I think that people should trust information on the Internet. I have two reasons to support my opinion.**

第2段落：main body 1 / 理由＋α

第2段落では、第1段落で述べた主張をサポートする2つの理由のうちの1つを書きます。理由には、与えられたPOINTSを利用します。

この段落を構成する英文の量の目安は3〜4文程度です。**第2段落の1文目はその段落の「トピックセンテンス」と呼ばれます。トピックセンテンスはその段落の内容を抽象的にまとめた英文です。段落内は「抽象的な内容から具体的な内容」へと展開させていくことが大切です。**

では、POINTSで与えられているLearningという観点から第2段落を実際に書いてみますが、いきなり英文を書き始めるのではなく、**段落内の英文の展開を考えることから始めます。**その際は、箇条書き程度で良いので、論理的な流れになっているかを確認しながら考えましょう。今回は次のような流れで書いてみます。

（人々がインターネット上の情報を信用すべきなのは）
①まず、人々は情報源を確認しさえすれば正しい情報を見つけられる。 ◀ トピックセンテンス
↓
②例えば、人々が学習するときに参照するウェブサイトは政府、研究機関や大学のような信頼できる組織によって運営されている。 トピックセンテンスに対する具体例
↓
③そのような組織は、アップロードする前に、ウェブサイトの内容を慎重に確認しているに違いない。 具体例をより掘り下げた内容

いかがですか。「とてもシンプル」ですよね。いろいろと書きたいことは出てくると思うのですが、120～150語ではあまり多くのことは書けません。**大切なのはnarrow down the focus（焦点を絞る）**ことです。書くべき内容を限定して、シンプルな英文を論理的につなげていく方が高得点につながります。では、これらの内容を英語にしましょう。

（人々がインターネット上の情報を信用すべきなのは）

① まず、人々は情報源を確認しさえすれば正しい情報を見つけられる。

First, people can find accurate information as long as they check its source.

② 例えば、人々が学習するときに参照するウェブサイトは政府、研究機関や大学のような信頼できる組織によって運営されている

For example, websites most people refer to when learning are run by trustworthy organizations such as the government, research institutes or universities.

③ そのような組織は、アップロードする前に、ウェブサイトの内容を慎重に確認しているに違いない

They must have carefully checked the contents of their websites before uploading them.

これらをすべてつなげていくと、

> **First, people can find accurate information as long as they check its source. For example, websites most people refer to when learning are run by trustworthy organizations such as the government, research institutes or universities. They must have carefully checked the contents of their websites before uploading them.**

となります。

第2段落は意見に対する理由の1つ目なので、出だしは**First,** で始めましょう。
段落内の英文に連続性・一貫性を持たせるためには、英文の流れを示すディスコースマーカー（**In fact / As a result / For example**）や、指示語（**this / that / such**）や代名詞（**it / they**）などを使います。

その視点から今回の第2段落を再度見てみましょう。

For exampleの直後は前文の内容を具体的に補足する

First, people can find accurate information as long as they check its source. For example, websites most people refer to when learning are run by trustworthy organizations such as the government, research institutes or universities. They must have carefully checked the contents of their websites before uploading them.

Theyは直前の**trustworthy organizations**を指す

第3段落：main body 2 / 理由＋α

第3段落は、第2段落と同じ流れで書きます。
ここではPOINTSのNewsを使って書いてみましょう。まずは段落の流れを考えます。

①インターネット上の正確ではない情報は自然に排除される傾向にある。◀ トピックセンテンス

⬇

②ネットのニュース記事では、そのような情報は読んだ人にすぐに指摘され、修正される。

トピックセンテンスに対する具体例

⬇

③結果として、インターネット上には正確な情報が残る可能性が高い。

具体例をより掘り下げた内容

では、それぞれの英文を書いてみましょう。

①インターネット上の正確ではない情報は自然に排除される傾向にある。

tend to *do* は「〜する傾向にある」という意味です。「〜を排除する」は eliminate。

inaccurate information on the Internet tends to be naturally eliminated

断言することが難しい場合には、今回のように tend to *do* などを使い**断定しすぎることを避ける**ことができます。また次のような推量の助動詞を使って、断定を避けることもできます。

may [might] 〜	〜かもしれない
can 〜	〜することがある
should 〜	〜のはずだ
must 〜	〜に違いない

②ネットのニュース記事では、そのような情報は読んだ人にすぐに指摘され、修正される。

In the case of online news articles, such information is instantly pointed out by those who read it and corrected.

直前の inaccurate information on the Internet を such information（そのような情報）と such で受けて、内容を深めていきます。**those who *do*** は「〜する人々」という意味で、汎用性が非常に高い表現です。

③結果として、インターネット上には正確な情報だけが残されるだろう。

As a result, only accurate information is likely to be left on the Internet.

be* likely to *do は「〜するだろう」という意味で、可能性の高さを示すことができる便利な表現です。

> **Second, inaccurate information on the Internet tends to be naturally eliminated. In the case of online news articles, such information is instantly pointed out by those**
>
> such information は直前の inaccurate information を指す
>
> **who read it and corrected. As a result, only accurate information is likely to be left on the Internet.**

第4段落：conclusion

conclusion は原則的に第1段落の introduction で述べた、

I think that people should trust information on the Internet.

という意見と**同じ内容を別の表現で書きます**。同じ内容を別の表現で表すことを「パラフレーズ」と言いますが、

Theme
1
Theme
2
Theme
3
Theme
4
Theme
5
Theme
6
Theme
7
Theme
8
Theme
9
Theme
10
Theme
11
Theme
12

第1段落のintroductionの内容と第4段落のconclusionの内容は必ずパラフレーズして表しましょう。パラフレーズする際のコツは主語を変えてしまうことです。

今回はI think that ～のthat節の中の主語を、peopleからinformation on the Internetに変えて、

I think that information on the Internet should be trusted.

（私はインターネット上の情報は信頼されるべきだと思う）

とします。これで意見のパラフレーズは完成ですが、この英文を最終段落に置くだけでは、その前の段落とのつながりがあまりよくありません。**第4段落のconclusionは前の段落との連結を高めるために、冒頭に**

Considering the reasons mentioned above / Given the reasons mentioned above

のように「上で述べた理由を考慮すると」という表現を入れると良いでしょう。consideringもgivenも「～を考慮すると」という意味です。したがって、conclusionは

> **Considering the reasons mentioned above, I think that information on the Internet should be trusted.**

となります。

では最後に、introductionからconclusionまでをつなげた英文を確認しましょう。

【 解答例 】

I think that people should trust information on the Internet. I have two reasons to support my opinion.

First, people can find accurate information as long as they check its source. For example, websites most people refer to when learning are run by trustworthy organizations such as the government, research institutes or universities. They must have carefully checked the contents of their websites before uploading them.

Second, inaccurate information on the Internet tends to be naturally eliminated. In the case of online news articles, such information is instantly pointed out by those who read it and corrected. As a result, only accurate information is likely to be left on the Internet.

Considering the reasons mentioned above, I think that information on the Internet should be trusted.

(126 words)

日本語訳

　私は人々はインターネット上の情報を信用すべきであると思います。私には、この意見を支持する理由が2つあります。

　まず、人々は情報源を確認しさえすれば正しい情報を見つけられます。例えば、人々が学習するときに参照するウェブサイトは政府、研究機関や大学のような信頼できる組織によって運営されています。そのような組織は、アップロードする前に、ホームページの内容を慎重に確認しているに違いありません。

　第二に、インターネット上の正確ではない情報は自然に排除される傾向にあります。ネットのニュース記事では、そのような情報は読んだ人にすぐに指摘され、修正されます。結果として、インターネット上には正確な情報だけが残されるでしょう。

　上で述べた理由を考慮すると、私はインターネット上の情報は信頼されるべきだと思います。

では次に、同じTOPICについて、逆の立場で書いてみましょう。

第 1 段落：introduction / 意見の表明

まずは同様に、introductionから書きます。introductionには意見と定型文を必ず入れましょう。今回は反対の立場で書くので、I don't think thatで書き始めます。I don't think thatの後にはTOPICの英文をそのまま付け足せばよいので、

I don't think that people should trust information on the Internet.

となります。この文に「理由が2つある（I have two reasons to support my opinion.）」という定型文をつなげます。

> **I don't think that people should trust information on the Internet. I have two reasons to support my opinion.**

第 2 段落：main body 1 / 理由＋α

次に、introductionで述べた意見をサポートする理由を述べます。この段落は**抽象的な内容から具体的な内容へと話を展開**させます。1文目の「トピックセンテンス」には、段落全体の内容を表すような英文を書きましょう。

第2段落のmain body 1はPOINTSにあるSocial mediaを使い、次のように展開します。

①まず、ほとんどの人が情報が本当かうそかを確認せずにインターネット上に投稿する。

②実際、特にソーシャルメディア上では、投稿する情報の正確さを犠牲にしてフォロワーの数を追求する人もいるかもしれない。

③したがって、ソーシャルメディア上の情報は信用とは程遠い。

という3文の展開にします。

①まず、ほとんどの人が情報が本当かうそかを確認せずにインターネット上に投稿する。
First, most people post on the Internet without checking whether the information is true or false.

②実際、特にソーシャルメディア上では、投稿する情報の正確さを犠牲にしてフォロワーの数を追求する人もいるかもしれない。
トピックセンテンスを深めて説明しています。ここでは、ソーシャルメディア上の情報のネガティブな側面に焦点を当ててみましょう。

In fact, especially on social media, some people may pursue the number of followers at the cost of the accuracy of the information they post.

pursueは「〜を追求する」、at the cost of 〜は「〜を犠牲にして」という意味です。
some people 〜（〜する人もいる）、may 〜（〜かもしれない）という表現によって断定しすぎることを避けています。

Theme
1

Theme
2

Theme
3

Theme
4

Theme
5

Theme
6

Theme
7

Theme
8

Theme
9

Theme
10

Theme
11

Theme
12

③したがって、ソーシャルメディア上の情報は信用とは程遠い。

②の内容から考えられる結論です。

Therefore, the information on social media is far from reliable.

far from ～は「～からは程遠い、決して～ではない」という否定的な意味を持つ表現です。is far fromの部分は、is not ～（～ではない）というシンプルな表現でも構いませんが、表現面での高得点を狙う場合は可能な限りレベルの高い表現を心がけましょう。

第2段落の①～③をつなげてみると、次のようになります。

> **First, most people post on the Internet without checking whether the information is true or false. In fact, especially on social media, some people may pursue the number of followers at the cost of the accuracy of the information they post. Therefore, the information on social media is far from reliable.**

第3段落：main body 2 / 理由＋α

第3段落のmain body 2はPOINTSにあるOnline shoppingを使い、次のように展開します。

①次に、オンライン上ではサービスや商品の質が誇張されているかもしれない。

②ショッピングのためのウェブサイトに関しては、悪意を持つ管理者は売りものを絶賛する、説得力はあるが、うそのレビューをでっち上げる傾向にある。

③さらに、そのようなサイトの写真は編集され、実際の商品よりさらによく見える。

①次に、オンライン上ではサービスや商品の質が誇張されているかもしれない。

Second, the quality of services and products might be exaggerated online.

exaggerateは「～を誇張する」です。

②ショッピングのためのウェブサイトに関しては、悪意を持つ管理者は売りものを絶賛する、説得力はあるが、うそのレビューをでっち上げる傾向にある。

②は①の内容に関連するものを続けます。ここでは、①の the quality of services and products might be exaggerated（サービスや商品の質が誇張されているかもしれない）という内容を具体的に掘り下げます。「サイトの管理者が商品を絶賛するうそのレビューをでっち上げる」という内容を書いてみましょう。

When it comes to shopping websites, administrators with bad intentions tend to make up convincing but false reviews that praise what they sell.

when it comes to ～「～に関しては」を用いると、特定の状況について具体的に述べることができます。また、**tend to *do*「～する傾向にある」**によって、**断定しすぎることを避けています**。

③さらに、そのようなサイトの写真は編集され、実際の商品よりさらによく見える。

②に加え、別の具体例を出すことで、インターネット上の情報を信頼すべきではないという主張をサポートします。

新たな情報を追加するので、**In addition,**（さらに）を使い、

In addition, such websites' photos are often edited and look much better than the actual products. **shopping websites**

としましょう。

第3段落の①〜③をすべてつなげると

> Second, the quality of services and products might be exaggerated online. When it comes to shopping websites, administrators with bad intentions tend to make up convincing but false reviews that praise what they sell. In addition, such websites' photos are often edited and look much better than the actual products.

となります。

第4段落：conclusion

結論では、introductionで述べた意見と同じ内容を別の表現で表します。
introductionでは、

I don't think that people should trust information on the Internet.

と書きました。ここでは、don't think that people should trustを**think people should be careful（人々は注意深くあるべきだと思う）**と書いていきましょう。

I think people should be careful with information they find on the Internet.

となります。
また、conclusionの冒頭は「〜を考慮すると」という**considering 〜**や**given 〜**という表現を使います。**ここではgivenを使って、**

Given the reasons mentioned above,

という表現を付け足しましょう。したがって、結論の英文は、

> **Given the reasons mentioned above, I think people should be careful with information they find on the Internet.**

となります。では最後に、今回の解答例をまとめます。

Theme 2
Theme 3
Theme 4
Theme 5
Theme 6
Theme 7
Theme 8
Theme 9
Theme 10
Theme 11
Theme 12

■──【 解答例 】──■

I don't think that people should trust information on the Internet. I have two reasons to support my opinion.

First, most people post on the Internet without checking whether the information is true or false. In fact, especially on social media, some people may pursue the number of followers at the cost of the accuracy of the information they post. Therefore, the information on social media is far from reliable.

Second, the quality of services and products might be exaggerated online. When it comes to shopping websites, administrators with bad intentions tend to make up convincing but false reviews that praise what they sell. In addition, such websites' photos are often edited and look much better than the actual products.

Given the reasons mentioned above, I think people should be careful with information they find on the Internet.

(138 words)

日本語訳

　私は人々はインターネット上の情報を信用すべきであるとは思いません。私にはこの意見を支持する2つの理由があります。

　まず、ほとんどの人が情報が本当かうそかを確認せずにインターネット上に投稿します。実際、特にソーシャルメディア上では、投稿する情報の正確さを犠牲にしてフォロワーの数を追求する人もいるかもしれません。したがって、ソーシャルメディア上の情報は信用とは程遠いです。

　次に、オンライン上ではサービスや商品の質が誇張されているかもしれません。ショッピングのためのウェブサイトに関しては、悪意を持つ管理者は売りものを絶賛する、説得力はあるが、うそのレビューをでっち上げる傾向にあります。さらに、そのようなサイトの写真は編集され、実際の商品よりさらによく見えます。

　上記で述べた理由を考慮すると、私は人々はインターネット上の情報に注意深くあるべきだと思います。

ここまで理解したら
次のページからは
トレーニング問題に
取り組んでみましょう。

トレーニング問題

3問のトレーニング問題にチャレンジしてみましょう。まずはmemo欄に自分で解答を書き、そのあとで解説の内容と比べてみましょう。

解説を読み終わったら、同じ目標解答時間で、もう一方の立場でも書くようにしましょう。

トレーニング問題 1

● *Write an essay on the given TOPIC.*
● *Use TWO of the POINTS below to support your answer.*
● *Structure: introduction, main body, and conclusion*
● *Suggested length: 120–150 words*

TOPIC

Agree or disagree: Big companies have a positive effect on society

POINTS
● *Products*
● *The economy*
● *The environment*
● *Work-life balance*

（2021年度第1回）

memo

Theme 1
Theme 2
Theme 3
Theme 4
Theme 5
Theme 6
Theme 7
Theme 8
Theme 9
Theme 10
Theme 11
Theme 12

解説

例題と同様、まずは設問とTOPICをしっかり理解することが大切です。今回のTOPICは**大企業は社会に良い影響を与えるかに対して賛成、反対の意見を述べること**です。このTOPICに対してきちんと自分の意見とそれをサポートする理由を展開していきます。大企業の特徴やその影響を的確におさえて書いていきましょう。TOPICを理解した後は「ポイント解説」で説明した「型」に沿って書いていきます。もう一度、構成の型を確認しておきましょう。

Key

準1級の英作文の構成の型

第1段落：introduction　　　第2段落：main body 1

第3段落：main body 2　　　第4段落：conclusion

賛成の立場の場合

第1段落：introduction / 意見の表明

意見の表明と定型文を賛成の立場で書きます。
意見の表明はTOPICにある英文と同じ表現を使い、以下のようになります。

> **I think that big companies have a positive effect on society. I have two reasons to support my opinion.**

第2段落：main body 1 / 理由＋α

この段落は意見をサポートする理由を書きます。段落の内容を端的に表すトピックセンテンスから始めて、それに関連する英文を2～3文続けます。
今回はPOINTSの4つ目にあるWork-life balanceを具体例で使います。1文目は「大企業はとても影響力があるので、その他の多くの会社は大企業の方針の後に続く」という切り口で書きます。理由の1つ目なので、First, で始めて、

> **First, big companies are so influential that many other companies will follow their policies.**

今回のように「とても影響力が大きいので…」と、程度の大きさを表す際には**so ～ that ...**「とても～なので…だ」という表現が便利です。

次はこの英文の内容を掘り下げていきます。例えば、「今日、大企業はワークライフバランスを非常に重視しており、その考えは他の会社に急速に浸透している」と続けましょう。

> **First, big companies are so influential that many other companies will follow their policies. For example, today, these big companies are putting a great emphasis on work-life balance, which is rapidly spreading to other companies. This leads to societies with better working conditions for more workers.**

This leads to から始まる3文目は2文目の内容を展開させたもので、「このことが労働環境の良い社会につながる」という内容です。動詞の**lead to ～**「～という結果につながる」は、因果関係を説明したいときに便利な

表現で、to の後ろに結果を書きます。今回は、主語の this が指す内容（今日、大企業はワークライフバランスを非常に重視しており、その考えは他の会社に急速に浸透している）が原因となって、「より多くの労働者にとって労働環境の良い社会が生まれる」という結果につながるということです。これで第2段落は完成です。

第3段落：main body 2 / 理由＋α

第3段落は意見を支持する理由の2つ目です。ここでは POINTS の Products を用いて、「大企業は人々の生活の仕方を変える素晴らしい商品を生み出す」という切り口で書きます。2つ目の理由なので Second, で書き始めます。

> **Second, generally speaking, such companies often come up with great products that can change the way people live.**

generally speaking（一般的に言って）を使うと、内容を断定しすぎることがなくなるのでおすすめです。このトピックセンテンスに対して、さらに説明を付け加えていきます。

> **Second, generally speaking, such companies often come up with great products that can change the way people live. <u>Since they have enough of a budget to develop their products, they are more likely to create sophisticated ones. As a result, people's lives can dramatically improve.</u>**

2文目の budget は「予算」です。budget の代わりに money を用いることもできますが、**できるだけレベルの高い語彙を使いましょう**。ちなみに ones は複数形の名詞 products の繰り返しを避けるための代名詞です。

3文目の冒頭では、As a result というディスコースマーカーを使っています。これは前文の「洗練された商品が生み出される」ということの<u>結果として</u>、という意味です。

代名詞やディスコースマーカーを効果的に使うことで、読みやすく一貫性のある英文に仕上げることができます。

第4段落：conclusion

第1段落で述べた「意見」と同じ内容を別の表現で表します。第1段落で書いた意見は、

> **I think that big companies have a positive effect on society.**

ですが、最終文ではこれを、

> **I think that big companies affect society in a positive way.**

と言い換えます。また、最終段落の冒頭には given these reasons mentioned above（上で述べた理由を考慮すると）という表現を付け、**前の段落との連続性を高めて**いきます。したがって、最終段落は以下の形で完成となります。

> **Given the reasons mentioned above, I think that big companies affect society in a positive way.**

全文をまとめると次のようになります。

Theme
1

Theme
2

Theme
3

Theme
4

Theme
5

Theme
6

Theme
7

Theme
8

Theme
9

Theme
10

Theme
11

Theme
12

━●━━━━━━━━━━━ 【 解答例 】 ━━━━━━━━━━●━

　I think that big companies have a positive effect on society. I have two reasons to support my opinion.

　First, big companies are so influential that many other companies will follow their policies. For example, today, these big companies are putting a great emphasis on work-life balance, which is rapidly spreading to other companies. This leads to societies with better working conditions for more workers.

　Second, generally speaking, such companies often come up with great products that can change the way people live. Since they have enough of a budget to develop their products, they are more likely to create sophisticated ones. As a result, people's lives can dramatically improve.

　Given the reasons mentioned above, I think that big companies affect society in a positive way.

(126 words)

日本語訳

　私は、大企業は社会に良い影響を与えていると思います。私には、この意見を支持する2つの理由があります。

　まず、大企業はとても影響力があるので、その他の多くの会社は大企業の方針の後に続きます。例えば、今日、大企業はワークライフバランスを非常に重視しており、その考えは他の会社に急速に浸透しています。このことが、より多くの労働者にとって労働環境の良い社会につながっています。

　次に、一般的に言って、そうした企業はしばしば人々の生活の仕方を変える可能性のある素晴らしい商品を生み出します。商品開発に十分な予算を持っているため、大企業は洗練された商品をより生み出しやすいです。結果として、人々の生活は劇的に良くなりえます。

　上で述べた理由を考慮すると、私は大企業は社会に良い影響を与えていると思います。

反対の立場の場合

次に書くのは、「大企業は社会に良い影響を及ぼさない」という立場です。

第1段落：introduction / 意見の表明

I don't think 以外に **I disagree with the idea** で書き出すこともできます。

> **I disagree with the idea that big companies have a positive effect on society. I have two reasons to support my opinion.**

2文目の「理由が2つある」という英文は変わりません。

第2段落：main body 1 / 理由＋α

次に、この意見を支持する理由の1つ目をPOINTSのThe environmentを使い、「大企業は環境に悪い影響を与えることがある」という切り口で書きます。1つ目の理由なので**First,** で始めましょう。

　First, big companies can cause a lot of harm to the environment.

この後、さらに掘り下げていきます。大企業が環境に害を与える可能性を具体的に説明します。

> **First, big companies can cause a lot of harm to the environment. For example, their large-scale production often leads to the emission of industrial waste. This could result in the pollution of local rivers and lands and may worsen the ecosystem.**

具体例ですので、**For example,** を用いて「大量生産が、産業廃棄物の排出につながる」と書いています。続く文は前文の内容を受けるThisで始め、This could result in ～. 「これが～という結果になるだろう」としています。ここではcouldが使われていますが、could以外にもwouldやmightなど助動詞の過去形を用いることで、断定を避け、ニュアンスを和らげることができます。

This results in ～. （～という結果になる）   ：断定しているので不自然。100％その結果になるとは言い切れないため。

This could result in ～. （～という結果になるだろう）：断定を避けているためより自然。

また、3文目後半のmay worsenのmayも断定を避ける役割を持っています。

第3段落：main body 2 / 理由＋α

こちらはPOINTSのThe economyを使って書いてみます。「大企業が、その競争力によって経済を弱めてしまう」という方向性で書きます。理由の2つ目なので**Second,** で始めましょう。

  Second, such companies may weaken the economy with their competitive power.

この後になぜそうなるのか、その理由を掘り下げて説明していきます。
「大企業は、低価格でサービスを提供することができ、その結果、小規模な企業がつぶれてしまう」としてみましょう。最後に、「そのことは経済全体として損失である」と結びます。

> **Second, such companies may weaken the economy with their competitive power. They may take customers from smaller companies in the same field because they are likely to offer services at a lower price. That may cause many small businesses to shut down, which is a huge loss when you think about the economy as a whole.**

Theyは、1文目のsuch companies、つまり大企業を指します。3文目のThatは直前の「大企業は低価格でサービスを提供できるので、小規模な企業から顧客を奪う」という内容を指します。causeは**cause O to *do*「Oに～させる」**という形で使うことができ、主語が原因で目的語（O）が～する、という結果を表します。今回は、主語のThatが指す内容が原因で「より小規模な企業が倒産してしまう」という結果になるということです。最後の文の**the economy as a whole**は**「経済全体」**です。これで第3段落も完成です。

26

第4段落：conclusion

第1段落の意見と同じ内容を別の表現で述べます。冒頭は**Considering**や**Given**を用いて「上で述べた理由を考慮すると」と書きましょう。

> **Considering the reasons mentioned above, I think that big companies affect society in a negative way.**

【 解答例 】

I disagree with the idea that big companies have a positive effect on society. I have two reasons to support my opinion.

First, big companies can cause a lot of harm to the environment. For example, their large-scale production often leads to the emission of industrial waste. This could result in the pollution of local rivers and lands and may worsen the ecosystem.

Second, such companies may weaken the economy with their competitive power. They may take customers from smaller companies in the same field because they are likely to offer services at a lower price. That may cause many small businesses to shut down, which is a huge loss when you think about the economy as a whole.

Considering the reasons mentioned above, I think that big companies affect society in a negative way.

(135 words)

日本語訳

私は、大企業は社会に良い影響を与えているという考えに反対です。私には、この意見を支持する2つの理由があります。

まず、大企業は環境に大きな害を与えることがあります。例えば、大量の商品を生産する過程では、しばしば産業廃棄物も出ます。これは地域の川や土地の汚染という結果になるでしょうし、生態系を悪化させるかもしれません。

次に、大企業はその競争力によって経済を弱めてしまうかもしれません。低価格でサービスを提供できる可能性が高いため、同じ業種の小さい企業から顧客を奪ってしまうかもしれません。その結果、多くの小規模な企業が倒産する可能性があり、経済全体について考えると、それは大きな損失となります。

上で述べた理由を考慮すると、大企業は社会に悪い影響を与えていると思います。

vocabulary

- □ **so ~ that ...**「とても~なので…だ」
- □ **policy**「方針」
- □ **rapidly**「急速に」
- □ **working condition**「労働環境」
- □ **budget**「予算」
- □ **dramatically**「劇的に」
- □ **emission**「排出」
- □ **pollution**「汚染」
- □ **weaken**「~を弱める」

- □ **influential**「影響力がある」
- □ **put a great emphasis on ~**「~を非常に重視する」
- □ **spread**「浸透する、広がる」
- □ **generally speaking**「一般的に言って」
- □ **sophisticated**「洗練された」
- □ **harm**「害」
- □ **industrial waste**「産業廃棄物」
- □ **ecosystem**「生態系」
- □ **competitive power**「競争力」

● *Write an essay on the given TOPIC.*
● *Use TWO of the POINTS below to support your answer.*
● *Structure: introduction, main body, and conclusion*
● *Suggested length: 120–150 words*

TOPIC
Agree or disagree: The government should do more to promote reusable products

POINTS
● *Costs*
● *Effect on businesses*
● *Garbage*
● *Safety*

（2022年度第3回）

memo

Theme
1

Theme
2

Theme
3

Theme
4

Theme
5

Theme
6

Theme
7

Theme
8

Theme
9

Theme
10

Theme
11

Theme
12

解説

まずTOPICをしっかり理解しましょう。今回のTOPICは、政府が再利用可能な製品の使用を促進するためにもっと多くのことをすべきかどうかに関して、賛成か反対かの意見を述べることです。このTOPICに対してきちんと自分の意見とそれをサポートする理由を展開していきます。**注意が必要なのは、「再利用可能な製品の使用が促進されているか」という現状を述べる書き方をしてはいけないということです。**あくまでも「政府がより多くのことをすべきか」に関して書きましょう。

賛成の立場の場合

第1段落：introduction／意見の表明

まず第1段落から。意見の表明と定型文を書きましょう。意見の表明はTOPICにある英文と同じ表現を使い、

> **I think that the government should do more to promote reusable products. I have two reasons to support my opinion.**

となります。

第2段落：main body 1／理由＋α

次に第2段落ですが、段落の内容を端的に表すトピックセンテンスから始めて、それに関連する英文を2～3文続けます。
今回は POINTS の1つ目にあるCostsを使って、「再利用可能な製品は使い捨ての製品よりもお金がかからない」という切り口で書いていきます。理由の1つ目なので、**First,** で始めて、

First, using reusable products costs us less than using disposable ones.

cost *A* *B* は「A（人）にB（お金）がかかる」。意味だけでなく、使い方も覚えておきましょう。

次はこの英文に関連させて内容を掘り下げていきます。

> **First, using reusable products costs us less than using disposable ones. <u>For instance, if people bring their own bottles instead of using a single-use paper cup for coffee at a cafe, they can get a discount and save money in the long run. As a result, they can spend money on other goods or services.</u>**

2文目は**For instance,** で始めて、前文に対する具体例を書いています。ここでは「カフェで使い捨ての紙コップの代わりにマイボトルを持ってくると割引が得られて節約になる」としています。
instead of *do*ing「～する代わりに」という表現を使うと、2つの行為の対比をわかりやすく表現することができます。
3文目の冒頭には**As a result,** というディスコースマーカーを使っています。これは前文の内容「使い捨ての紙コップの代わりにマイボトルを持ってくると節約になる」ということの結果として、ということです。ディスコースマーカーを効果的に使いながら、論理的で一貫性のある文章に仕上げていきましょう。

第3段落は意見を支持する理由の2つ目です。ここではPOINTSのGarbageを使って、「政府が再利用可能な製品の使用を促進するとゴミの量が減る」という切り口で書いてみます。2つ目の理由なので **Second,** で書き始めましょう。

　　Second, such a policy will cause the amount of garbage to decrease.

such a policyは「政府が再利用可能な製品の使用を促進する」という政策を指しています。**cause O to do**「Oに〜させる」という表現は、主語が原因となって何かが起こることを表す際に非常に便利な表現です。
このトピックセンテンスに対して、次の2文を付け加えてみます。

> **Second, such a policy will cause the amount of garbage to decrease. <u>Using a product many times instead of throwing it away will help reduce the use of materials such as wood and plastic. This will lead to a lighter burden on the environment.</u>**

2文目は、Using（〜を使うこと）という動名詞を使って、主語を作っています。**help do** は「〜するのに役立つ」です。materialsの後に **such as 〜**「〜のような」を使用して、具体例を挙げています。
3文目は前文の内容（製品を何度も使うことはゴミを減らすのに役立つ）を受けて、**lead to 〜**「〜につながる」と展開しています。

第4段落は、第1段落で述べた「意見」と同じ内容を別の表現で表します。第1段落で書いた意見は、

　　I think that the government should do more to promote reusable products.

ですが、最終文ではこれを、

　　I think that it is important for the government to encourage people to use reusable goods.

と言い換えます。

また、最終段落の冒頭にはconsidering the reasons mentioned above（上で述べた理由を考慮すると）という表現を付け加え、前の段落との連続性を高めていきます。

> **Considering the reasons mentioned above, I think that it is important for the government to encourage people to use reusable goods.**

第1〜4段落をまとめたものは、次のようになります。

【 解答例 】

I think that the government should do more to promote reusable products. I have two reasons to support my opinion.

First, using reusable products costs us less than using disposable ones. For instance, if people bring their own bottles instead of using a single-use paper cup for coffee at a cafe, they can get a discount and save money in the long run. As a result, they can spend money on other goods or services.

Second, such a policy will cause the amount of garbage to decrease. Using a product many times instead of throwing it away will help reduce the use of materials such as wood and plastic. This will lead to a lighter burden on the environment.

Considering the reasons mentioned above, I think that it is important for the government to encourage people to use reusable goods. (140 words)

日本語訳

私は政府は再利用可能な製品の使用を促進するためにもっと多くのことをするべきだと考えます。私には、この意見を支持する 2 つの理由があります。

第一に、再利用可能な製品を使うことは使い捨ての製品を使うよりもお金がかかりません。例えば、カフェのコーヒーに使い捨ての紙コップを使う代わりに、マイボトルを持ってくれば、割引が得られて長い目で見ればお金の節約になるでしょう。結果として彼らは他の商品やサービスにお金を使うことができます。

第二に、そういった政策によってゴミの量は減るでしょう。捨てる代わりに何度も製品を使うことは木やプラスチックのような材料の使用量を減らすのに役立ちます。このことは環境の負担を軽くするのにつながります。

上で述べた理由を考慮すると、私は政府が再利用可能な製品の使用を人々に促進することが重要だと考えます。

反対の立場の場合

「政府は再利用可能な製品の使用を促進するためにもっと多くのことをすべきではない」という立場です。

第 1 段落：introduction / 意見の表明

第 1 段落では意見を表明します。反対の立場なので、
I don't think that 〜もしくは**I disagree with the idea that 〜**で始めましょう。

> **I don't think that the government should do more to promote reusable products. I have two reasons to support my opinion.**

第 2 段落：main body 1 / 理由＋α

次に、この意見を支持する理由の 1 つ目を示しましょう。POINTS の Effect on businesses を使い、「再利用可能な製品の使用の促進は、使い捨ての製品を作っている会社に悪影響を与える」という切り口で書いていきま

す。理由の１つ目なので、**First,** で始めましょう。

First, the promotion of reusable products may have a negative effect on the companies producing single-use products and they might end up going out of business.

have a negative effect on ～「～に悪影響を与える」は必ず使えるようにしておきましょう。end up *do*ing は「結局～することになる」という意味の表現です。

この後、さらに掘り下げて、具体的な影響について述べていきます。

> **First, the promotion of reusable products may have a negative effect on the companies producing single-use products and they might end up going out of business. This will cause the workers in the companies to lose their jobs. A rise in unemployment is nothing but damage to the economy as a whole.**

２文目はThisが「会社が倒産する」という内容を受けて、「このことが社員の失業につながる」と述べています。３文目の**rise in ～**「～の増加」は前置詞inを使用するという点に注意しましょう。また、**nothing but ～**「～でしかない」はonlyとほぼ同じ意味ですが、準１級ではこのような少しレベルの高い表現を織り交ぜていきましょう。

第３段落：main body 2 / 理由＋α

第３段落は意見を支持する理由の２つ目です。ここではPOINTSのSafetyを使って、「物を２回以上使うと安全性が下がることがある」という切り口で書いてみます。２つ目の理由なので **Second,** で書き始めましょう。

Second, using things more than once can sometimes lower their safety.

lowerは「～を下げる」という意味の動詞です。decreaseと同じ意味ですが、幅広い語彙を使うよう心がけましょう。このトピックセンテンスに対して、次の２文を付け加えてみます。

> **Second, using things more than once can sometimes lower their safety. For example, reusable food containers can cause food poisoning if people do not wash them carefully enough. Even if the government wants supermarkets to introduce such containers, they are unlikely to run such risks.**

２文目は**For example**で始めて、「再利用できる食器を十分注意深く洗っていない場合、食中毒を引き起こすかもしれない」という具体例を述べています。

３文目では**even if**「たとえ～でも」という接続詞を使って、一度譲歩することによって自分の立場をより強めています。また、such containersというように**such**を使用して、前文との結びつきを強めています。*be unlikely to do*は「～する可能性が低い」という便利な表現です。

第４段落：conclusion

第４段落は、第１段落で述べた「意見」と同じ内容を別の表現で表します。第１段落で書いた意見は、

I don't think that the government should do more to promote reusable products.

ですが、最終文ではこれを、

I don't think the government should promote the wider use of reusable things.

と言い換えます。

また、最終段落の冒頭にはgiven the reasons mentioned above（上で述べた理由を考慮すると）という表現を付け、前の段落との連続性を高めていきます。

Theme
1
Theme
2
Theme
3
Theme
4
Theme
5
Theme
6
Theme
7
Theme
8
Theme
9
Theme
10
Theme
11
Theme
12

> **Given the reasons mentioned above, I don't think the government should promote the wider use of reusable things.**

第1〜4段落をまとめたものは、以下のようになります。

【 解答例 】

I don't think that the government should do more to promote reusable products. I have two reasons to support my opinion.

First, the promotion of reusable products may have a negative effect on the companies producing single-use products and they might end up going out of business. This will cause the workers in the companies to lose their jobs. A rise in unemployment is nothing but damage to the economy as a whole.

Second, using things more than once can sometimes lower their safety. For example, reusable food containers can cause food poisoning if people do not wash them carefully enough. Even if the government wants supermarkets to introduce such containers, they are unlikely to run such risks.

Given the reasons mentioned above, I don't think the government should promote the wider use of reusable things.

(136 words)

日本語訳

　私は政府は再利用可能な製品を促進するためにもっと多くのことをするべきだとは思いません。私には、この意見を支持する2つの理由があります。

　第一に、再利用可能な製品の促進は、使い捨ての製品を製造する企業に悪影響を与えて、企業が倒産してしまうかもしれません。このことはそうした企業の社員の失業を引き起こします。失業率の上昇は経済全体へのダメージでしかありません。

　第二に、物を2回以上使うと時々安全性が下がることがあります。例えば、再利用可能な食品容器を十分注意深く洗っていない場合、食中毒を引き起こすことがあります。政府がスーパーマーケットにそうした容器を導入してほしくとも、スーパーマーケットがそのリスクを冒す可能性は低いでしょう。

　上で述べた理由を考慮すると、私は政府が再利用可能な製品のより広い使用を促進するべきだとは考えません。

vocabulary

- □ **cost A B**「A（人）にB（お金）がかかる」
- □ **in the long run**「長い目で見ると」
- □ **encourage O to do**「Oに〜するよう奨励する」
- □ **end up doing**「結局〜することになる」
- □ **nothing but ～**「〜でしかない」
- □ **food poisoning**「食中毒」
- □ **run a risk**「危険を冒す」

- □ **disposable**「使い捨ての＝single-use」
- □ **burden on ～**「〜に対する負荷」
- □ **have a negative effect on ～**「〜に悪影響を与える」
- □ **go out of business**「倒産する」
- □ **lower**「〜を下げる」
- □ **be unlikely to do**「〜する可能性が低い」

● *Write an essay on the given TOPIC.*
● *Use TWO of the POINTS below to support your answer.*
● *Structure: introduction, main body, and conclusion*
● *Suggested length: 120–150 words*

TOPIC

Should people stop using goods that are made from animals?

POINTS
● *Animal rights*
● *Endangered species*
● *Product quality*
● *Tradition*

（2021年度第3回）

memo

Theme 1
Theme 2
Theme 3
Theme 4
Theme 5
Theme 6
Theme 7
Theme 8
Theme 9
Theme 10
Theme 11
Theme 12

解説

今回は「人は動物から作られた製品を使うのをやめるべきか」に関して、賛成・反対の意見を述べます。注意が必要なのは、「動物から作られた製品」について論じなければならないということです。製品に関係のない文脈で、単に「動物に害を与えるのはよくない」などと述べてしまわないように気をつけましょう。

賛成の立場の場合

第1段落：introduction／意見の表明

まず第1段落です。意見の表明と定型文を書きましょう。
意見の表明はTOPICにある英文と同じ表現を使います。

> I think that people should stop using goods that are made from animals. I have two reasons to support my opinion.

第2段落：main body 1／理由＋α

段落の内容を端的に表すトピックセンテンスから始めて、それに関連する英文を2～3文続けます。
今回はPOINTSの1つ目にあるAnimal rightsを使って、「動物には自分の思うように生きる権利がある」という切り口で書いていきます。理由の1つ目なので、**First,** で始めて、

First, animals have the right to live life in their own way.

the right to *do* で「～する権利」という意味を表すことができます。**live life** は「暮らしを送る」という表現です。
このトピックセンテンスに関連させて、内容を掘り下げていきます。

> First, animals have the right to live life in their own way. <u>However, some animals are robbed of their precious lives and made into products that humans use. There is no reason that humans should make light of their lives.</u>

2文目では、**However**という逆接のディスコースマーカーを使って、現状では動物の権利が守られていないことがあるということに焦点を当てています。are robbed of ～は**rob** *A* **of** *B*「AからBを奪う」が受け身になった形です。
3文目の**There is no reason that** ～は「～する理由はない」、**make light of** ～は「～を軽視する」という意味の表現です。

第3段落：main body 2／理由＋α

第3段落は意見を支持する理由の2つ目です。ここではPOINTSのEndangered speciesを使って、「体の部位を商用利用するための狩猟により絶滅の危機に瀕している種がいる」という切り口で書いてみます。2つ目の理由なので **Second,** で書き始めましょう。

Second, some species are endangered due to hunting for the commercial use of their body parts.

endangerは「～を絶滅の危機にさらす」という意味の表現で、POINTSのように**endangered species**「絶

滅危惧種」という形で使われることも多いです。**due to ～**は「～のせいで」という原因・理由を表す表現です。前置詞句なので、後ろには名詞または動名詞を置くようにしましょう。

このトピックセンテンスに対して、次の2文を付け加えてみます。

> **Second, some species are endangered due to hunting for the commercial use of their body parts.** For example, the number of elephants once decreased to the point where they were almost extinct because humans hunted them for their teeth. Such selfish activities in many parts of the world severely damaged the ecosystem.

2文目は**For example**というディスコースマーカーで始めて、前文の内容に対して「ゾウは人間が象牙のために狩猟をしたためほぼ絶滅の段階まで減少した」という具体例を述べています。

3文目のSuch selfish activitiesは「象牙を採るために人間がゾウを狩ること」を受けています。**damage**は「～に害を与える」という意味で、名詞だけでなく動詞としても使うことができます。

第4段落：conclusion

第4段落は、第1段落で述べた「意見」と同じ内容を別の表現で表します。第1段落で書いた意見は、

> I think that people should stop using goods that are made from animals.

ですが、最終文ではこれを、

> **I think that animals must not be used for products that people enjoy.**

と言い換えます。

また、最終段落の冒頭にはconsidering the reasons mentioned above（上で述べた理由を考慮すると）という表現を付け、前の段落との連続性を高めていきます。

> **Considering the reasons mentioned above, I think that animals must not be used for products that people enjoy.**

第1〜4段落をまとめたものは、以下のようになります。

> **【 解答例 】**
>
> I think that people should stop using goods that are made from animals. I have two reasons to support my opinion.
>
> First, animals have the right to live life in their own way. However, some animals are robbed of their precious lives and made into products that humans use. There is no reason that humans should make light of their lives.
>
> Second, some species are endangered due to hunting for the commercial use of their body parts. For example, the number of elephants once decreased to the point where they were almost extinct because humans hunted them for their teeth. Such selfish activities in many parts of the world severely damaged the ecosystem.
>
> Considering the reasons mentioned above, I think that animals must not be used for products that people enjoy.
>
> (131 words)

Theme
1

Theme
2

Theme
3

Theme
4

5

6

7

8

Theme
9

Theme
10

Theme
11

12

日本語訳

　私は人々は動物から作られた製品を使うのをやめるべきだと考えます。私にはこの意見を支持する2つの理由があります。

　まず、動物には自分の思うように生きる権利があります。しかしながら、かけがえのない命を奪われ、人間が使用する製品に利用される動物がいます。人間が彼らの命を軽視すべきいかなる理由もありません。

　第二に、体の部位を商用利用するための狩猟により絶滅の危機に瀕している種がいます。例えば、ゾウは人間が象牙のために狩猟をしたことでかつてほぼ絶滅の段階まで減少しました。世界の多くの地域で、このような利己的な活動が生態系に深刻な害を与えました。

　上で述べた理由を考慮すると、私は、人々が楽しむための製品に動物を利用してはいけないと考えます。

反対の立場の場合

第1段落：introduction / 意見の表明

反対の立場なので、**I don't think that 〜**もしくは**I disagree with the idea that 〜**で書き始めましょう。

> **I don't think that people should stop using goods that are made from animals. I have two reasons to support my opinion.**

第2段落：main body 1 / 理由＋α

次に第2段落ですが、段落の内容を端的に表すトピックセンテンスから始めて、それに関連する英文を2〜3文続けます。

今回はPOINTSの4つ目にあるTraditionを使って、「そのような（動物から作られた）製品は特定の集団の伝統や文化と関連することが多い」という切り口で書いていきます。理由の1つ目なので、**First,**で始めて、

First, such goods are often related to the traditions and culture of certain groups.

such goods are related to ...「そのような製品は…に関連する」と述べてしまうと、すべての動物製品に伝統や文化が関連するように伝わってしまうので、**often**をつけて表現を和らげています。

2文目以降では、さらに内容を掘り下げていきます。

> **First, such goods are often related to the traditions and culture of certain groups. For ages, these groups have lived with animals and used their parts to make clothes or tools. They may well be proud of their traditions. Given that, we have no right to think little of their traditions by banning animal products.**

1文目のsuch goodsは第1段落のgoods that are made from animalsを受けています。2文目のthese groupsは前文の「特定の集団」を受けて、動物製品と伝統や文化の関係について具体的な説明を加えています。3文目はthese groupsをtheyで受けて、説明をさらに深めています。may well *do*は「おそらく〜だろう」という意味の表現です。

4文目は**given 〜**「〜を考慮すると」という表現で、前文の内容を受けるthatと組み合わせて、前文とのつながりを高めています。think little of 〜は「〜を軽んじる」という表現です。

第 3 段落は意見を支持する理由の 2 つ目です。ここでは POINTS の Product quality を使って、「動物から作られた製品は品質が高い」という切り口で書いてみます。2 つ目の理由なので **Second,** で書き始めましょう。

Second, products made from animals are generally high in quality.

断定を避けるために、**generally** という表現を使用しています。
2 文目以降で、具体的な内容を展開していきます。

> **Second, products made from animals are generally high in quality. For example, if maintained well, leather bags last longer than those made from artificial materials. Therefore, animals can play important roles in developing a sustainable society.**

2 文目は **For example** というディスコースマーカーで始めて、「動物製のものは長持ちする」という、品質の高さについての具体例を述べています。動詞の **last** は「**続く、長持ちする**」という意味になります。those は繰り返しを避けるための代名詞で、ここでは bags を受けています。
3 文目の冒頭では **Therefore** というディスコースマーカーを使って、前文の内容から論理的に言える、「動物は持続可能な社会にとって重要である」という結論を述べています。**play a ～ role in ...** は「**…に～な役割を果たす**」というとても便利な表現です。

第 4 段落は、第 1 段落で述べた「意見」と同じ内容を別の表現で表します。第 1 段落で書いた意見は、

I don't think that people should stop using goods that are made from animals.

ですが、最終文ではこれを、

I think that it is acceptable to make use of animal products.

と言い換えます。acceptable は「容認できる」、make use of ～は「～を使う」という意味の表現です。
また、最終段落の冒頭には given the reasons mentioned above（上で述べた理由を考慮すると）という表現を付け、前の段落との連続性を高めていきます。

> **Given the reasons mentioned above, I think that it is acceptable to make use of animal products.**

第 1 ～ 4 段落をまとめたものは、次のようになります。

Theme
1

Theme
2

Theme
3

Theme
4

Theme
5

Theme
6

Theme
7

Theme
8

Theme
9

Theme
10

Theme
11

Theme
12

【 解答例 】

I don't think that people should stop using goods that are made from animals. I have two reasons to support my opinion.

First, such goods are often related to the traditions and culture of certain groups. For ages, these groups have lived with animals and used their parts to make clothes or tools. They may well be proud of their traditions. Given that, we have no right to think little of their traditions by banning animal products.

Second, products made from animals are generally high in quality. For example, if maintained well, leather bags last longer than those made from artificial materials. Therefore, animals can play important roles in developing a sustainable society.

Given the reasons mentioned above, I think that it is acceptable to make use of animal products.

(130 words)

日本語訳

　私は人々が動物から作られた製品を使うのをやめるべきだとは思いません。私にはこの意見を支持する2つの理由があります。

　まず、そのような製品は特定の集団の伝統や文化と関連することが多いです。長い間、これらの集団は動物と共に暮らし、その一部を衣服や道具に使ってきました。彼らはおそらく自身の伝統を誇りに思っています。そのことを考慮すると、私たちには動物製品を禁止することによって彼らの伝統を軽んじる権利はありません。

　次に、動物から作られた製品はたいてい品質が高いです。例えば、手入れをしっかりすれば革のカバンは人工素材でできたものよりも長持ちします。それゆえ、動物は持続可能な社会を発展させるのに重要な役割を果たす可能性があります。

　上で述べた理由を考慮すると、動物から作られた製品は、規制されたり禁止されたりするよりもむしろ、促進されるべきです。

vocabulary

□ **make light of** ～「～を軽視する」

□ **certain**「特定の」

□ **may well** *do*「おそらく～だろう」

□ **ban**「～を禁止する」

□ **artificial**「人工の」

□ **extinct**「絶滅した」

□ **for ages**「長い間」

□ **given** ～「～を考慮すると」

□ **maintain**「～を整備する」

□ **sustainable**「持続可能な」

要約問題をおさえよう！

Point① 準1級の要約問題はどんな問題？

○英文で書かれた文章を読んでそれを60〜70語で要約する問題。
○問題数：1問
○提示されている文章を、自分の言葉で短くまとめる必要があります。

Point② 準1級の要約問題の攻略方法とは？

○各段落のエッセンスをつかむ

まずは与えられた英文について、段落ごとにエッセンスをつかんでいきましょう。そして、つかんだエッセンスを自分の言葉で言い換えながら表現していきましょう。より詳細な攻略方法を、以下の例題を用いて説明していきます。

- **Instructions: Read the article below and summarize it in your own words as far as possible in English.**
- **Suggested length: 60–70 words**
- **Write your summary in the space provided on your answer sheet. <u>Any writing outside the space will not be graded.</u>** (※1)

From the 1980s to the early 2000s, many national museums in Britain were charging their visitors entrance fees. The newly elected government, however, was supportive of the arts. It introduced a landmark policy to provide financial aid to museums so that they would drop their entrance fees. As a result, entrance to many national museums, including the Natural History Museum, became free of charge.

Supporters of the policy said that as it would widen access to national museums, it would have significant benefits. People, regardless of their education or income, would have the opportunity to experience the large collections of artworks in museums and learn about the country's cultural history.

Although surveys indicated that visitors to national museums that became free increased by an average of 70 percent after the policy's introduction, critics claimed the policy was not completely successful. This increase, they say, mostly consisted of the same people visiting museums many times. Additionally, some independent museums with entrance fees said the policy negatively affected them. Their visitor numbers decreased because people were visiting national museums to avoid paying fees, causing the independent museums to struggle financially.

(出典：https://www.eiken.or.jp/eiken/info/2023/pdf/20230706_info_eiken.pdf)

（※1）本書には解答用紙は付属していません。
（※）2023年12月現在の情報を掲載しています。

Theme
1

Theme
2

Theme
3

Theme
4

Theme
5

Theme
6

Theme
7

Theme
8

Theme
9

Theme
10

Theme
11

Theme
12

問題文の日本語訳

　1980年代から2000年代初頭にかけて、イギリスの多くの国立博物館では来館者から入場料を徴収していました。しかし、新しく選ばれた政府は芸術を支持していました。その政府は、入場料を撤廃できるように博物館に財政援助を提供する画期的な政策を導入しました。その結果、自然史博物館を含む多くの国立博物館の入場料が無料となりました。

　この政策の支持者は、国立博物館の利用が拡大することで大きな利益があると述べていました。教育や収入にかかわらず、誰もが博物館の大規模な作品のコレクションを体験し、国の文化史について学ぶ機会を得られることになるでしょう。

　政策導入後、無料となった国立博物館の訪問者数が平均70％増加したという調査結果がありますが、批評家はこの政策が完全に成功した訳ではないと主張しました。彼らによると、この増加は主に同じ人々が何度も博物館を訪れたことによるものだと言います。さらに、入場料を徴収している民営の博物館の一部は、この政策が彼らに悪い影響を及ぼしたと述べました。人々が料金を払うのを避けようと国立博物館を訪れるため、民営の博物館の訪問者数が減少し、財政的に苦しむようになったのです。

解説

1. 文章全体の流れをつかもう

第2段落には Supporters of the policy said（この政策の支持者は〜と述べていました）とあるので、第1段落には the policy（政策）の内容が具体的に書かれていて、第2段落はそれに対する賛成意見に関するものだとわかります。一方で、第3段落の1文目の後半は critics claimed the policy was not completely successful（批評家はこの政策が完全に成功した訳ではないと主張しました）とあるので、ここでは第1段落で説明されている policy に対する反対意見が述べられていると推測できます。

したがって、文章全体は
　第1段落：イギリス政府が出したある政策についての説明
　第2段落：その政策に対する賛成意見
　第3段落：その政策に対する反対意見
という流れで書かれているとわかります。

2. 段落ごとのエッセンスをつかもう

次に段落ごとのエッセンスをつかんでいきます。その際に役に立つのが、〈パラグラフの基本構成〉と〈ディスコースマーカー〉の2つの考え方です。ひとつずつ確認していきましょう。

〈パラグラフの基本構成〉
英語の文章の各パラグラフは、基本的に次の①〜④の流れで、②は③によって具体化されます。
　① Introductory Sentence（導入文）：話題を導入するための文。省略することもある。
　② Topic Sentence（主題文）：段落の趣旨を述べる文。抽象的。
　③ Supporting Sentences（支持文）：主題を詳しく説明する文。具体的。
　④ Concluding Sentence（結びの文）：主題の繰り返しをする文。省略することもある。
②主題文は必ず要約に含め、③は可能な範囲で要約に含めるようにしましょう。

〈ディスコースマーカー〉
ディスコースマーカーとは、つなぎ言葉とも呼ばれ、文と文のつながりを良くし、読者の理解を助ける役割を果たす語句のことです。日本語の「例えば」や「なぜなら」に相当します。
英語のディスコースマーカーの役割と具体例を次のページに示します。

A	言い換えや例を示すもの
	in other words, for example など

B	因果関係を示すもの
	so, therefore, as a result, because など

C	逆接、譲歩、対比を示すもの
	but, however, although, on the other hand など

D	付け加えを示すもの
	in addition, moreover, also など

では、実際に各段落のエッセンスをつかんでいきましょう。この本では見やすいようにマーカーで示してありますが、実際に問題を解くときには、主題文には波線を、支持文にはまっすぐな下線を引くなど工夫すると良いでしょう。

【第1段落】

　From the 1980s to the early 2000s, many national museums in Britain were charging their visitors entrance fees. The newly elected government, however, was supportive of the arts. It introduced a landmark policy to provide financial aid to museums so that they would drop their entrance fees. As a result, entrance to many national museums, including the Natural History Museum, became free of charge.

段落の内容は次の通りに展開しています。因果関係を表す As a result が使われています。
　・イギリスの国立博物館は来館者から入場料を取っていたが、新しい政府は芸術を支持していた。（導入文）
　・政府は入場料を排除するために、博物館に財政的な支援を行った。（主題文）
As a result（結果として）
　・結果として、多くの国立博物館が無料になった。（支持文）

【第2段落】

　Supporters of the policy said that as it would widen access to national museums, it would have significant benefits. People, regardless of their education or income, would have the opportunity to experience the large collections of artworks in museums and learn about the country's cultural history.

段落の内容は次の通りに展開しています。
　・政府の政策は国立博物館の利用を拡大するので、大きな恩恵がある。（主題文）
　・肯定的な見方：人々は、教育や収入にかかわらず、博物館の作品のコレクションを体験し、国の文化史を学ぶことができる。（支持文）

【第3段落】

　Although surveys indicated that visitors to national museums that became free increased by an average of 70 percent after the policy's introduction, critics claimed the policy was not completely successful. This increase, they say, mostly consisted of the same people visiting museums many times. Additionally, some independent museums with entrance fees said the policy negatively affected them. Their visitor numbers decreased because people were visiting national museums to avoid paying fees, causing the independent museums to struggle financially.

段落の内容は次の通りに展開しています。譲歩を表すディスコースマーカーAlthoughと、付け加えを表すAdditionallyが使用されています。

Although（〜にもかかわらず）（主題の主張を強めるために、譲歩（主題とは逆の方向性の内容）が使われる）
・国立博物館への来館者は平均70%増加したが、批評家はこの政策は完全に成功した訳ではないと言う。（主題文）
・否定的な見方(1)：この増加の内訳は、ほとんどが何度も博物館を訪れる同じ人によるものである。（支持文）
Additionally（さらに）
・否定的な見方(2)：政府の政策は、入場料がある民営の博物館にネガティブな影響を与えた。（支持文）
・否定的な見方(2)の補足説明：来館者が減り、民営の博物館に財政難を引き起こした。（支持文）

3. 抽出したエッセンスを自分の言葉で表現しよう

それでは、抽出したエッセンスを自分の英語で表現していきましょう。本文を理解していることを示したり表現力をアピールしたりするために、本文で使用された表現をできるだけ言い換えましょう。ただし、固有名詞や文章を説明するうえで欠かせないキーワード（今回の場合はnational museumsやindependent museums）はそのまま使用して構いません。
最終的に60〜70語で要約を書く必要があるので、3つの段落はそれぞれ20語程度でまとめましょう。

【第 1 段落】

From the 1980s to the early 2000s, many national museums in Britain were charging their visitors entrance fees. The newly elected government, however, was supportive of the arts. It introduced a landmark policy to provide financial aid to museums so that they would drop their entrance fees. As a result, entrance to many national museums, including the Natural History Museum, became free of charge.

・イギリスの国立博物館は来館者から入場料を取っていたが、新しい政府は芸術を支持していた。（導入文）
・政府は入場料を撤廃するために、博物館に財政的な支援を行った。（主題文）
・多くの国立博物館が無料になった。（支持文）

> Financial support from the British government abolished entrance fees from many national museums.　　　　　　　　　　　　　　　　　　(13 words)

言い換えは次の通りです。

・ financial aid → Financial support
・ became free of charge → abolished entrance fees

【第 2 段落】

Supporters of the policy said that as it would widen access to national museums, it would have significant benefits. People, regardless of their education or income, would have the opportunity to experience the large collections of artworks in museums and learn about the country's cultural history.

・政府の政策は国立博物館の利用を拡大するので、大きな恩恵がある。（主題文）
・肯定的な見方：人々は、教育や収入にかかわらず、博物館の作品のコレクションを体験し、国の文化史を学ぶことができる。（支持文）

> Some people welcomed this because it would provide a wider range of people with more opportunities to be familiar with the country's cultural history.　　(24 words)

言い換えは次の通りです。

> - **Supporters of the policy → Some people**
> - **said that as it would widen access to national museums, it would have significant benefits → welcomed**
> - **People, regardless of their education or income → a wider range of people**
> - **learn about the country's cultural history → be familiar with the country's cultural history**

【第3段落】

Although surveys indicated that visitors to national museums that became free increased by an average of 70 percent after the policy's introduction, critics claimed the policy was not completely successful. This increase, they say, mostly consisted of the same people visiting museums many times. Additionally, some independent museums with entrance fees said the policy negatively affected them. Their visitor numbers decreased because people were visiting national museums to avoid paying fees, causing the independent museums to struggle financially.

- 国立博物館への来館者は平均70%増加したが、批評家はこの政策は完全に成功した訳ではないと言う。(主題文)
- 否定的な見方(1)：この増加の内訳は、ほとんどが何度も博物館を訪れる同じ人によるものである。(支持文)
- 否定的な見方(2)：政府の政策は、入場料がある民営の博物館にネガティブな影響を与えた。(支持文)
- 否定的な見方(2)の補足説明：来館者が減り、民営の博物館に財政難を引き起こした。(支持文)

> **Others argued that the policy only benefitted those who visited such museums frequently. Also, the policy negatively impacted independent museums requiring admission fees because they had fewer visitors.**
>
> (28 words)

第3段落にはAdditionallyで政策のデメリットが2つ提示されているので、2つとも要約に含めましょう。2つ目のデメリットの「民営の博物館に財政難を引き起こした (, causing the independent museums to struggle financially)」は、「, ～ing (そして～した)」と、来館者が減ったことに対する補足的な情報として提示されているので、要約では省いています。

言い換えは次の通りです。

> - **critics claimed the policy was not completely successful → Others argued that the policy only benefitted**
> - **the same people visiting museums many times → those who visited such museums frequently**
> - **Additionally → Also**
> - **some independent museums with entrance fees → independent museums requiring admission fees**
> - **the policy negatively affected → the policy negatively impacted**
> - **Their visitor numbers decreased → they had fewer visitors**

3. で完成した文をつないでいきましょう。

> Financial support from the British government abolished entrance fees from many national museums. Some people welcomed this because it would provide a wider range of people with more opportunities to be familiar with the country's cultural history. Others argued that <u>the policy</u> only benefitted those who visited such museums frequently. Also, <u>the policy</u> negatively impacted independent museums requiring admission fees because they had fewer visitors.

各段落のまとめをつないだ後は、読みやすい英文になるよう修正を加えましょう。
まずは the policy が連続して使われている箇所があるので、2回目の the policy を代名詞の it に置き換えます。
次に、2文目は政策に関するメリット、3文目以降はデメリットを説明しており、内容が対照的なので、3文目を however で始めると良いでしょう。
完成した要約は次のようになります。

【 解答例 】

Financial support from the British government abolished entrance fees from many national museums. Some people welcomed this because it would provide a wider range of people with more opportunities to be familiar with the country's cultural history. However, others argued that the policy only benefitted those who visited such museums frequently. Also, it negatively impacted independent museums requiring admission fees because they had fewer visitors. (65 words)

解答例の日本語訳

イギリス政府からの財政支援により、多くの国立博物館から入場料が撤廃されました。一部の人々は、このことがより広い幅の人々に国の文化史をよく知る機会を提供するので、歓迎しています。しかしながら、他の人々は、この政策はそのような博物館を頻繁に訪れる人だけに恩恵を与えると主張しています。また、来館者が減ったので、その政策は入場料を求めている民営の博物館に悪い影響を与えました。

vocabulary

- **national**「国立の」
- **entrance fees**「入場料」
- **be supportive of** ～「～を支持する」
- **financial aid**「財政援助」
- **widen**「～を広げる」
- **regardless of** ～「～にかかわらず」
- **critic**「批評家」
- **independent**「民営の」
- **abolish**「～を撤廃する」
- **be familiar with** ～「～をよく知っている」
- **frequently**「頻繁に」

- **charge**「（お金など）を請求する」
- **elect**「（選挙で）～を選ぶ」
- **landmark**「画期的な」
- **become free of** ～「～がなくなる」
- **significant**「著しい、大きな」
- **artwork**「作品」
- **consist of** ～「～で構成される」
- **struggle**「もがく、苦しむ」
- **range**「幅」
- **benefit**「～に恩恵を与える」
- **require**「～を要求する」

目標解答時間 10〜15分

初めて取り組む形式の問題かもしれませんが、恐れることはありません。
例題で学んだことを活かして、チャレンジしてみましょう。

- **Instructions: Read the article below and summarize it in your own words as far as possible in English.**
- **Suggested length: 60–70 words**
- **Write your summary in the space provided on your answer sheet. Any writing outside the space will not be graded.** (※)

In recent years, Finland experienced economic challenges and rising unemployment rates. To address these issues and offer a potential solution, the Finnish government decided to test a new idea in 2017: a basic income system. For two years, they gave 2,000 unemployed citizens a monthly sum of €560 without any conditions. The idea was to see if this could help people find work without the fear of losing benefits.

Those who supported the basic income system in Finland believed that it would offer several advantages. It would remove the stress and pressure that unemployed people feel when searching for a job. This would encourage them to pursue training or education to get a better job or one most suitable for them.

On the other hand, other people had concerns. They worried that providing money without conditions might reduce the motivation for some people to seek employment. There were also concerns about the long-term financial sustainability of such a system. Critics questioned whether the government could afford to extend this program to all citizens without significantly raising taxes or cutting other vital services.

（オリジナル問題）

（※）本書には解答用紙は付属しておりません。

memo

Theme
1

Theme
2

Theme
3

Theme
4

Theme
5

Theme
6

Theme
7

Theme
8

Theme
9

Theme
10

Theme
11

Theme
12

問題文の日本語訳

　近年、フィンランドは経済的な課題と増加する失業率に直面していました。これらの問題に対処し、潜在的な解決策を提供するため、フィンランド政府は2017年に新しい案を試すことを決定しました。それがベーシック・インカム制度です。彼らは、2年の間、2,000人の失業者に無条件で月額560ユーロを提供しました。この制度が、福祉を失う恐れなく仕事を見つけるのに役立つかどうかを見るためのものでした。

　フィンランドのベーシック・インカム制度を支持する人々は、それがいくつかの利点をもたらすと考えていました。それは失業者が仕事を探す際に感じるストレスやプレッシャーを取り除くだろうということでした。このことは、彼らにより良い、あるいはより適した職を得るために訓練や教育を追求する気にさせるでしょう。

　しかし、他の人々は懸念を持っていました。彼らは、無条件でお金を提供することは、一部の人々が就業を求める動機を低下させるかもしれないと心配していました。また、そのような制度の長期にわたる財政的持続可能性についての懸念もありました。批判者は、政府が税を大幅に引き上げることなく、または他の重要な公共事業を削減することなく、このプログラムをすべての市民に拡大する余裕があるかどうか疑問を呈していました。

解説

1. 文章全体の流れをつかもう

第2段落の冒頭にThose who supported the basic income system in Finland believed（フィンランドのベーシック・インカム制度を支持する人々は考えていました）とあるので、第1段落はthe basic income system in Finland（フィンランドのベーシック・インカム制度）の内容が具体的に書かれていて、第2段落はそれに対する賛成意見だとわかります。一方で第3段落は対比を示すディスコースマーカーOn the other hand（その一方で）から始まっていて、other people had concerns（他の人々は懸念を持っていました）と述べられているので、第1段落で説明されている制度に対する反対意見や懸念事項が述べられていることが推測できます。

したがって、文章全体は
　第1段落：フィンランドのベーシック・インカム制度についての説明
　第2段落：その制度に対する賛成意見
　第3段落：その制度に対する反対意見、懸念事項
という流れで書かれているとわかります。

2. 段落ごとのエッセンスをつかもう

次に、段落ごとのエッセンスをつかんでいきます。その際には、ポイント解説で確認したパラグラフの基本構成とディスコースマーカーを活用することが効果的です。

では、実際に各段落のエッセンスをつかんでいきましょう。

【第1段落】

　In recent years, Finland experienced economic challenges and rising unemployment rates. To address these issues and offer a potential solution, the Finnish government decided to test a new idea in 2017: a basic income system. For two years, they gave 2,000 unemployed citizens a monthly sum of €560 without any conditions. The idea was to see if this could help people find work without the fear of losing benefits.

段落の内容は以下の通りに展開しています。

　・フィンランドが経済的に苦しんでいた。（導入文）
　・フィンランド政府はベーシック・インカム制度を試験することに決めた。（主題文）

・2年の間、2,000人の失業者に毎月560ユーロを無条件で支給した。（支持文）

・試験の内容は、この制度が職探しの役に立つかを確かめること。（支持文）

【第2段落】

　Those who supported the basic income system in Finland believed that it would offer several advantages. It would remove the stress and pressure that unemployed people feel when searching for a job. This would encourage them to pursue training or education to get a better job or one most suitable for them.

段落の内容は以下の通りに展開しています。3文目はThisで2文目の内容を受けて、利点をさらに具体的に説明しています。

・ベーシック・インカム制度の支持者は、利点があると考えている。（主題文）

・利点：求職中のストレスとプレッシャーを取り除く。（支持文）

・利点の補足説明：このことが、良い職に就くための訓練や教育を続ける気にさせる。（支持文）

【第3段落】

　On the other hand, other people had concerns. They worried that providing money without conditions might reduce the motivation for some people to seek employment. There were also concerns about the long-term financial sustainability of such a system. Critics questioned whether the government could afford to extend this program to all citizens without significantly raising taxes or cutting other vital services.

段落の内容は以下の通りに展開しています。段落の冒頭では対比を示すディスコースマーカーOn the other hand（その一方で）が使用されており、第2段落の内容（ベーシック・インカム制度に対する賛成意見）と対立する内容（ベーシック・インカム制度に対する反対意見、懸念事項）が続くと予想できます。また、付け加えを示すディスコースマーカーalsoによって、懸念の2つ目が列挙されていることがわかります。

On the other hand（その一方で）（第2段落と対立する内容が続くことを示している）

・ベーシック・インカム制度について懸念している人もいる。（主題文）

・懸念 (1)：職を探す意欲を減少させる。（支持文）

also（また）

・懸念 (2)：長期にわたる財政的持続可能性への懸念がある。（支持文）

・懸念 (2) の補足説明：増税や他の公共事業の削減なしで拡大できるか疑問。（支持文）

■ 3. 抽出したエッセンスを自分の言葉で表現しよう

それでは、抽出したエッセンスを自分の英語で表現していきましょう。

【第1段落】

　In recent years, Finland experienced economic challenges and rising unemployment rates. To address these issues and offer a potential solution, the Finnish government decided to test a new idea in 2017: a basic income system. For two years, they gave 2,000 unemployed citizens a monthly sum of €560 without any conditions. The idea was to see if this could help people find work without the fear of losing benefits.

・フィンランドが経済的に苦しんでいた。（導入文）

・フィンランド政府はベーシック・インカム制度を試験することに決めた。（主題文）

・2年の間、2,000人の失業者に毎月560ユーロを無条件で支給した。（支持文）

・試験の内容は、この制度が職探しの役に立つかを確かめること。（支持文）

> **To deal with economic problems, Finland introduced a basic income system, providing a certain amount of money for qualified citizens.** (20 words)

Theme 1
Theme 2
Theme 3
Theme 4
Theme 5
Theme 6
Theme 7
Theme 8
Theme 9
Theme 10
Theme 11
Theme 12

言い換えは以下の通りです。

・address	→ deal with
・economic challenges	→ economic problems
・decided to test	→ introduced
・gave	→ providing
・unemployed citizens	→ qualified citizens
・a sum of €560	→ a certain amount of money

providing ～の部分は、分詞構文を使うことで少ない語数で端的に表現しています。

【第2段落】

Those who supported the basic income system in Finland believed that it would offer several advantages. It would remove the stress and pressure that unemployed people feel when searching for a job. This would encourage them to pursue training or education to get a better job or one most suitable for them.

・ベーシック・インカム制度の支持者は、利点があると考えている。（主題文）
・利点：求職中のストレスとプレッシャーを取り除く。（支持文）
・利点の補足説明：このことが、良い職に就くための訓練や教育を続ける気にさせる。（支持文）

> **Thanks to the basic income system, unemployed people would be able to avoid stressful situations and to spend enough time on job training.** (23 words)

言い換えは以下の通りです。

・remove the stress that unemployed people feel	→ unemployed people would be able to avoid stressful situations
・pursue training or education to get a job	→ spend enough time on job training

制度の支持者が考えている内容を、thanks to ～「～のおかげで」という表現を使って述べています。

【第3段落】

On the other hand, other people had concerns. They worried that providing money without conditions might reduce the motivation for some people to seek employment. There were also concerns about the long-term financial sustainability of such a system. Critics questioned whether the government could afford to extend this program to all citizens without significantly raising taxes or cutting other vital services.

On the other hand (その一方で) (第2段落と対立する内容が続くことを示している)

　・ベーシック・インカム制度について懸念している人もいる。（主題文）

　・懸念 (1)：職を探す意欲を減少させる。（支持文）

also (また)

　・懸念 (2)：長期にわたる財政的持続可能性への懸念がある。（支持文）

　・懸念 (2) の補足説明：増税や他の公共事業の削減なしで拡大できるか疑問。（支持文）

> It was argued that the basic income system would deprive people of the motivation to work. The basic income system would put a financial burden for the government.
>
> (28 words)

言い換えは以下の通りです。

　・They worried that ～ → It was argued that ～

　・reduce the motivation for some people to seek employment → deprive people of the motivation to work

　・concerns about the long-term financial sustainability + questioned whether the government could afford → put a financial burden for the government

「長期にわたる財政的持続可能性への懸念」、「政府に財政的な余裕があるか疑問」という内容を「政府に財政的な負担がかかる」とまとめて表現しています。

4. 言い換えた文をつなごう

3. で完成した文をつないでいきましょう。

> To deal with economic problems, Finland introduced a basic income system, providing a certain amount of money for qualified citizens. Thanks to the basic income system, unemployed people would be able to avoid stressful situations and to spend enough time on job training. It was argued that the basic income system would deprive people of the motivation to work. The basic income system would put a financial burden for the government.

各段落のまとめをつないだ後は、読みやすい英文になるよう修正を加えましょう。

まずは、basic income systemという表現の繰り返しがくどいように感じられるので、2回目以降はthisやthe 、suchなどを使って表現しましょう。次に、2文目は賛成意見、3文目は反対意見を述べているので、逆接または対比を示すディスコースマーカーを入れましょう。本文中で使われていたOn the other handは避けて、Howeverを使うと良いでしょう。また、4文目は反対意見の2つ目を付け加えているので、Alsoから始めましょう。

完成した要約は次のようになります。

【 解答例 】

To deal with economic problems, Finland introduced a basic income system, providing a certain amount of money for qualified citizens. Thanks to this system, unemployed people would be able to avoid stressful situations and to spend enough time on job training. However, it was argued that the system would deprive people of the motivation to work. Also, such a system would put a financial burden for the government.

(68 words)

日本語訳

　経済問題に対処するため、フィンランドはベーシック・インカム制度を導入し、資格のある市民に一定の金額を提供しました。この制度のおかげで、失業した人々はストレスの多い状況を避けて十分な時間を職業訓練に費やせるでしょう。しかし、その制度は人々から働く意欲を奪うだろうと主張されました。また、そのような制度は政府に財政的な負担をかけるでしょう。

vocabulary

□ **unemployment rate**「失業率」

□ **potential**「潜在的な」

□ **benefit**「福祉」

□ **pursue**「〜を追求する」

□ **seek**「〜を求める」

□ **sustainability**「持続可能性」

□ **afford to** *do*「〜する余裕がある」

□ **vital**「重要な」

□ **deal with** 〜「〜に対処する」

□ **qualified**「資格のある」

□ **deprive** *A* **of** *B*「AからBを奪う」

□ **address**「〜に対処する」

□ **condition**「条件」

□ **remove**「〜を取り除く」

□ **suitable for** 〜「〜に適した」

□ **long-term**「長期にわたる」

□ **critic**「批判者」

□ **significantly**「大幅に」

□ **service**「公共事業」

□ **certain**「一定の」

□ **argue**「〜と主張する」

□ **burden**「負担」

Chapter

2

話

Speaking

- ● ポイント解説
- ● トレーニング問題

面接の全体の流れをおさえよう！

Point 面接試験で必ずおさえておきたいこと

○フルセンテンスで答える！

主語と動詞を必ず入れて答えましょう。

○日本語は使わない！

日本語を使ったら自動的に減点です。絶対に避けましょう。

ただし、英語になっている日本語や、日本語の後に英語で説明を加えるのは大丈夫です。

（例）

　　　○ I like sushi.

　　　× I like *okonomiyaki*.

　　　○ I like *okonomiyaki*, a Japanese pancake.

○態度点は確実に取る！

面接では、面接官と積極的にコミュニケーションをとろうとする態度も評価の対象になります。「無言にならないこと」や「自然な応答」「発言の聞きやすさ」が重要です。ただし、やる気を見せようと、必要以上に大声で話す必要はありません。

○聞き取れなければ聞き直そう！

自然なタイミングなら1回聞き返しても減点されません。

　　　Sorry?
　　　Pardon?
　　　Can you say that again?

などの表現を使えるようにしておきましょう。長い時間考えてから聞き直すと減点されてしまうので、わからなかったら長考せず聞き直しましょう。ただし、1問につき2回聞き直すと減点されてしまいますので注意してください。

面接の流れを確認

Track 1

（面接官）

Hello. May I have your card, please?

（受験者）

Here you are. 〈examinee card を渡す〉

Thank you.

〈着席する〉

My name is XXX. May I have your name, please?

 My name is YYY.

 This is the Grade Pre-1 test, OK?

 OK.

 Can you hear me clearly?

 Yes.

Key

上記のように最近はきちんと聞こえているかを尋ねられることも多いです。

その後、2、3問の簡単な質疑応答があります。採点には影響しませんので、リラックスして答えましょう。

What's your hobby?（趣味は何ですか）
Please tell me about yourself.（あなたについて教えてください）

など自分に関することが問われます。

それが終われば
"OK. Let's begin the test."
と言われ、いよいよテスト開始です。

 Here's your card.　〈カードを渡す〉
You have one minute to prepare before you start your narration.

 OK.　〈1分間の準備時間〉

 Please begin your narration. You have two minutes.

 〈2分間ナレーションを行う〉

 Now, I'll ask you four questions.
No. 1 Please look at the fourth picture. If you were the X, what would you be thinking?

〈質問に答える〉

 Now, Mr. / Ms. YYY, please turn over the card and put it down.

 OK. 〈カードを裏返して置く〉

 No. 2　Yes / No question〈Yes / Noから始めて答える質問がなされる〉

 〈質問に答える〉

 No. 3　Yes / No question〈Yes / Noから始めて答える質問がなされる〉

 〈質問に答える〉

 No. 4　Yes / No question〈Yes / Noから始めて答える質問がなされる〉

 〈質問に答える〉

 This is the end of the test. May I have the card back, please?

 Here you are. 〈問題カードを返す〉

 You may go now. Good-bye.

 Bye. 〈あいさつをして退出する〉

Memo

面接全体の配点は以下のようになっています。

・ナレーション問題：15点（内容5点、発音5点、語彙文法5点）
・応答問題　　　　：5点×4問
・態度点　　　　　：3点

ナレーション問題と質疑応答問題(No. 1)をおさえよう!

Theme 1
Theme 2
Theme 3
Theme 4
Theme 5
Theme 6
Theme 7
Theme 8
Theme 9
Theme 10
Theme 11
Theme 12

ナレーション問題

Point① 準1級のナレーション問題はどんな問題?

○カードに描かれている4コママンガの内容を説明する問題

最初に問題カードを渡されてから、1分間準備時間が与えられます。準備時間の後、2分間でマンガの内容について話します。

Point② 準1級のナレーション問題の攻略方法とは?

○内容の一貫性

行っている動作、思っていること、話していることを入れて1コマに節を3つ以上入れることを心がけましょう。また、そのうえで因果関係をしっかり考えることが大切です。「何が原因で行動や発言をしているのか」を考えて描写しましょう。

○発音とイントネーション・語彙・文法に注意する

特に過去形・過去進行形を使って答えることを意識しましょう。

2分はかなり長い時間です。描写できることはたくさんあります。それぞれのコマには2つから3つの「描写しなければならないポイント」があります。しかし、受験者がそれを判断するのは難しいです。そのため、登場人物たちの状況・動作・発言・考えていることを描写しましょう。さらに、コマ中の紙やボードに書かれているものも描写しましょう。

それでは次の例題に取り組んでみましょう。

You have **one minute** to prepare.

This is a story about a mayor who wanted to help her town.
You have **two minutes** to narrate the story.

Your story should begin with the following sentence:
One day, a mayor was having a meeting.

(2022年度第1回A日程)

（1 コマ目）

One day, a mayor was having a meeting. The graph on the board was showing that the number of tourists had been decreasing in ABC town. So, the mayor asked other city officials if they had any ideas for addressing the problem. They all looked worried.

　1 コマ目では、全体の描写が 1 文目としてすでにカードに書かれています。
　グラフから観光客が減っていることがわかります。まず、そこをきちんと描写しましょう。そして、市長がアイディアを他の職員に求めているのでそれを描写します。さらに「彼らはみんな不安な表情をしていた」という点も描写します。

（2 コマ目）

That weekend, at home, the mayor was watching a TV show while having a cup of coffee. It showed that camping was popular. She came up with an idea to open a campsite to attract more tourists.

　コマの左上に書いてある字は必ず読みましょう。これにより、面接官（CBT の場合採点官）は次のコマに進んだことがわかります。この部分には時間や場所の情報が書かれています。まず、市長が家でテレビを見ているという状況を描写します。コーヒーかお茶を飲んでいるのでこの点も入れておきましょう。テレビに映っている内容を描写し、その後、何かアイディアが浮かんだということを表します。この**電球マークは頻出**です。3 コマ目の情報をふまえてキャンプ場を開くアイディアだとしていますが、ただ came up with a good idea（良い考えが浮かんだ）としても良いでしょう。

（3 コマ目）

Six months later, the mayor and her colleague looked happy to see that the ABC Town Campsite had attracted a lot of people. A lot of families were enjoying camping there.

　3 コマ目は、キャンプ場がオープンし、多くの人が来ていることを市長と同僚が喜んでいる場面です。家族連れが描かれているのでその点も描写します。look（〜のように見える）はとても使いやすい表現です。頷いている場面は agreed（賛同した）で表すことが多いのですが、今回は喜んでいることを表しています。このように、表情から**感情を推測して描写する**ことはとても大事です。

（4 コマ目）

A few months later, the mayor and her coworker were watching TV news at her office. It showed that a bear had appeared at the ABC Town Campsite and was eating what campers had left behind.

　最後のコマは、バッドエンドになるのが定番です。まずはオフィスで市長と同僚がテレビを観ているという場面を描写します。その後にテレビで映されている内容を描写します。クマがキャンプをした人々の残したものを食べていることを描写します。

　準 1 級になると、発音やイントネーションの部分はクリアできる人が多くなりますが、発音が苦手な人はきちんと強弱（名詞、形容詞、副詞、動詞は強く、be 動詞、助動詞、代名詞、前置詞、接続詞、冠詞は弱く）をつけて読む練習をしてください。強弱をつけると多少発音が変でも自然と英語らしい発音に聞こえます。

　問題は描写ポイントと文法・語彙です。いかに**点数になるポイント**を落とさないかが重要です。どこがポイントになっているのか不明瞭なこともあるので、描写の量が大事です。
　そして、文法・語彙です。過去問を見る限り語彙はそこまで高いレベルのものが求められているとは思いません。それよりも、**過去形や過去進行形をきちんと使えるか**といった文法が重要になります。

<u>One day, a mayor was having a meeting.</u> The graph on the board was showing that the number of tourists had been decreasing in ABC town. So, the mayor asked other city officials if they had any ideas for addressing the problem. They all looked worried. That weekend, at home, the mayor was watching a TV show while having a cup of coffee. It showed that camping was popular. She came up with an idea to open a campsite to attract more tourists. Six months later, the mayor and her colleague looked happy to see that the ABC Town Campsite had attracted a lot of people. A lot of families were enjoying camping there. A few months later, the mayor and her coworker were watching TV news at her office. It showed that a bear had appeared at the ABC Town Campsite and was eating what campers had left behind.

日本語訳

ある日、市長は会議をしていました。ボードのグラフはABC市の旅行者数が減っていることを示していました。そのため、市長は他の職員たちにその問題に対処するための考えはないか尋ねました。彼らはみんな不安な表情をしていました。その週末、市長はコーヒーを飲みながら家でテレビ番組を観ていました。それはキャンプの人気があるということを放送していました。より多くの旅行者を惹きつけるため、キャンプ場を開くことを彼女は思いつきました。6ヶ月後、ABC市のキャンプ場が多くの人々を惹きつけていることがわかり、市長と同僚は嬉しそうでした。多くの家族がそこでキャンプを楽しんでいました。数ヶ月後、市長と同僚は彼女のオフィスでテレビのニュースを観ていました。クマがABC市のキャンプ場に現れ、キャンプをした人々が残していったものを食べていることをそれは放送していました。

vocabulary

☐ **mayor**「市長」
☐ **have a meeting**「会議をする」
☐ **city official**「市の職員」
☐ **address**「〜に対処する」
☐ **come up with ~**「〜 を思いつく」
☐ **campsite**「キャンプ場」
☐ **attract**「〜を惹きつける」
☐ **colleague**「同僚」
☐ **leave behind**「〜を残していく」

Theme 1
Theme 2
Theme 3
Theme 4
Theme 5
Theme 6
Theme 7
Theme 8
Theme 9
Theme 10
Theme 11
Theme 12

Point① 質疑応答問題（No. 1）はどんな問題？

○ナレーション問題で使った4コママンガの4コマ目の絵で主人公が考えていることを伝える問題です。

○質問文はIf you were the XX, what would you be thinking?「もしあなたがXXだったらどのように考えていますか」という仮定法を使った文で問われます。

I'd be thinking ...（…のように思っているでしょう）という出だしの後に3つの節を置いて話します。

57ページの絵の問題であれば

No. 1　Please look at the fourth picture. If you were the mayor, what would you be thinking?
（4コマ目の絵を見てください。もしあなたがその市長だったら、どのように考えていますか）

のように聞かれます。

Point② 質疑応答問題（No. 1）の攻略方法とは？

○仮定法を使った表現や時制に注意

4コマ目は多くの場合、過去に行ったことへの後悔について語ることが多いので、**should have** *done*（〜すべきだった）、**should not have** *done*（〜するべきではなかった）などの表現を使えるようにしておきましょう。もちろん、「結果はこうなってしまったが自分のやったことは間違っていない」のように表現することも可能です。

それでは次の例題に取り組んでみましょう。

No. 1　Please look at the fourth picture. If you were the mayor, what would you be thinking?

※実際の面接では、質問文は問題カードに書かれていません。

（2022年度第1回A日程）

I'd be thinking, "I should've considered the risks more. Creating a campsite was an effective way to attract more tourists. However, I could've reached other communities' campsites to see how they managed similar issues."

解説

1文目はリスクをもっと考えるべきだったという後悔を should have *done* の形を使って表しています。2文目でうまくいったところを表し、3文目で **could have *done*** （〜することができただろうに）という表現を使って再び後悔を表しています。

I'd be thinking の後に3文述べることがとにかく大事です。多くの受験者がここで1文や2文で答えてしまうため、5点満点を逃してしまっています。

日本語訳

私は「リスクについてもっと考えるべきだった。キャンプ場を作ることはより多くの旅客を惹きつけるのに効果的な方法だった。しかし、他の自治体のキャンプ場に連絡を取り、そういった問題をどう解決しているか尋ねることができたのに」と考えているでしょう。

vocabulary

☐ **should have *done***「〜すべきだった」
☐ **consider**「〜を考慮する」
☐ **effective**「効果的な」
☐ **could have *done***「〜することができただろうに」
☐ **reach**「〜に連絡を取る」
☐ **community**「自治体」
☐ **manage**「〜に対処する」
☐ **issue**「問題」

Theme 1
Theme 2
Theme 3
Theme 4
Theme 5
Theme 6
Theme 7
Theme 8
Theme 9
Theme 10
Theme 11
Theme 12

Theme 4 トレーニング問題

ナレーション問題と質疑応答問題（No. 1）にチャレンジしてみましょう。自分の解答内容は録音しておいて、解答例と比べてみましょう。

You have **one minute** to prepare.

This is a story about a couple that wanted to be involved with their community.
You have **two minutes** to narrate the story.

Your story should begin with the following sentence:
One day, a husband and wife were going on a walk together.

（2021年度第3回A日程）

ナレーション問題

【 解答例 】 track 6

One day, a husband and wife were going on a walk together. Some volunteers were collecting garbage in a park. The next day, the wife found a poster seeking volunteers for the ABC City Marathon. She suggested to her husband they join as volunteers. He appeared to agree with her idea. At a volunteer staff meeting, a staff member was explaining to volunteers what to do at the ABC City Marathon. Their duties were working at water stations and at an information booth. The couple seemed to be looking forward to it. The day before the marathon, the wife was talking to her manager. He told her that she would need to meet a client the next day, which was the day she was supposed to do her volunteer work.

vocabulary

□ **go on a walk**「散歩する」
□ **volunteer**「ボランティアをする人」(※)
□ **garbage**「ゴミ」
□ **seek**「〜を求める」
□ **appear to** *do*「〜するようだ」
□ **seem to** *do*「〜するようだ」
□ *be* **supposed to** *do*「〜することになっている」

(※) volunteerは名詞の場合、「ボランティアをする人」を表します。「ボランティアの仕事」はvolunteer workやvolunteer activities という表現を使います。

解説

1コマ目では、カップルが歩いている場面は提示された1文ですでに描写されているので、後ろのボランティアの人々がゴミ拾いをしているところを描写します。それ以外目立ったところはないのでこのコマは2文で良いと判断します。

2コマ目では、カップルがボランティアを募集するポスターを見つけたことを描写します。ポスター内の言葉も利用して描写するといいでしょう。さらにポスターの絵の中に何をするのかが描かれているのでこの点も描写します。男性が頷いているので、女性が参加を促し、男性がそれに賛同していることがわかります。

3コマ目では、スタッフの男性がマラソン大会でボランティアたちが行うことについて説明しているのでその部分を描写します。ボードに書かれている内容を述べましょう。女性が頷いているため、その後はポジティブな内容で描写します。ここではwas looking forward to 〜（〜を楽しみにしていた）という表現を使って描写しました。

4コマ目では、女性が上司と話しているところを描写し、上司である男性の吹き出し部分を読みます。ここでは間接話法を使っているのでYouはsheに、tomorrowはthe next dayに置き換えています。間接話法を使うのが難しいときはHe said to her, "You need to meet a client tomorrow." と直接話法を使って答えましょう。さらに、上司が述べた日が女性のボランティアの日と重なっていることを、which節を使って表しています。

日本語訳

ある日、夫と妻が一緒に散歩をしていました。数名のボランティアが公園でゴミ拾いをしていました。その次の日、妻は、ABC市マラソンのボランティア募集のポスターを見つけました。彼女は夫に、ボランティアとして参加することを提案しました。彼は彼女のアイディアに賛同したようでした。ボランティアスタッフの打ち合わせでは、スタッフがボランティアをする人々にABC市マラソンで何をするべきか説明していました。彼らの仕事は給水所と情報ブースでの仕事でした。夫婦は楽しみにしているようでした。マラソンの前日、妻は上司と話していました。彼は翌日、彼女がボランティア活動をすることになっていた日にクライアントと会う必要があることを伝えました。

放送された英文

No. 1 Please look at the fourth picture. If you were the wife, what would you be thinking?

【 解答例 】

I'd be thinking, "I shouldn't have applied for the volunteer work without talking to my boss. I need to tell my husband I can't attend it. Next time, I should consider my schedule more carefully."

□ **apply for** ～「～に申し込む」

□ **consider** ～「～を考慮する」

解説

上司に話さずに申し込むべきではなかったという後悔を表し、次に、彼女がしなければならないことを述べています。そして、今後はこうするべきだという点を最後に述べています。もちろん、仕事を断ってボランティアをするという旨のことを述べることも可能です。**とにかく3文で述べることが大切です。**

日本語訳

私は「上司と話すことなしにボランティアに申し込むべきではなかった。夫にボランティアに参加できないと伝える必要がある。次はスケジュールをもっと注意深く考えるべきだ」と思っているでしょう。

Theme 5

●ポイント解説

質疑応答問題(No. 2〜4)をおさえよう!

Theme 1
Theme 2
Theme 3
Theme 4
Theme 5
Theme 6
Theme 7
Theme 8
Theme 9
Theme 10
Theme 11
Theme 12

Point① 準1級の質疑応答問題 (No. 2〜4) はどんな問題?

○面接官からの質問に答える問題。

社会問題などさまざまなトピックについて意見を問われます。

○問題数:3問

Point② 準1級の質疑応答問題 (No. 2〜4) の攻略方法とは?

1つの質問に対し3つ以上の節を使って答えます。とにかく情報量が大事です。

その際、以下の解答パターンをおさえておきましょう。

Key

◆答え方

Yes + α

No + α

※αの部分には節を3つ入れること。ただし、**自分の経験や好みを理由にしてはいけません。**
一般論で答えましょう。

◆αの部分のパターン

・理由 (必須)

・別の理由 / 具体例 / 〜すべきだ。

などを組み合わせて絶対に節が3つ以上になるようにしましょう。

それでは次の例題に取り組んでみましょう。

No. 2　Do you think parents should participate in school events such as sports festivals?

No. 3　Do public libraries still play an important role in communities?

No. 4　Should more companies offer their employees flexible work schedules?

※実際の面接では質問文はカードに書かれていません。

(2021年度第3回A日程)

No. 2

Do you think parents should participate in school events such as sports festivals?

Yes. They can see how their kids behave at school. It would be a good opportunity to see how they interact with their friends and teachers. In addition, their children will feel sad if parents do not attend.

No. Parents usually have very busy lives. Sometimes, they have to take a day off for school events. Parents' work should be prioritized, not the events.

☐ **participate in** 〜「〜に参加する」
☐ **school event**「学校行事」
☐ **sports festival**「スポーツ祭・運動会」
☐ **behave**「振る舞う」
☐ **interact with** 〜「〜と交流する」
☐ **take a day off**「休みを1日取る」
☐ **prioritize**「〜を優先する」

解説　No. 2

親が運動会のような学校行事に参加するべきかを尋ねています。

1つ目の解答は、賛成意見です。理由として、親が子どもの学校での行動を見られることを述べています。次の文にその行動の具体例を述べています。3文目で2つ目の理由を述べています。つまり、「**理由1＋具体例＋理由2**」のパターンです。

2つ目の解答は、反対意見です。親が忙しいという理由を述べ、学校行事のために休みを取らなければならないことがあるという具体例を話しています。そして、3文目に「〜すべきだ」と述べています。「**理由＋具体例＋〜すべきだ**」のパターンです。

こういった問題では**自分の好みや経験を理由にして答えてはいけません**。I don't want my parents to participate.「自分の親には参加してほしくありません」といった答えを理由にしては絶対にダメです。

usually（たいてい）、sometimes（時々）、many（多くの）、can（可能性がある）、most（ほとんどの）、might（かもしれない）などを使うと、「いつもそうではないが」「全員がそうではないが」というニュアンスを表すことができ、断定を避けることができます。こういった表現は使えるようにしておきましょう。

（例1）Japanese people like sushi. 日本人は寿司が好きです。（そうとは限らない）
　　　⇒**Most** Japanese people like sushi. ほとんどの日本人は寿司が好きです。

（例2）Traveling abroad is dangerous. 海外旅行は危険です。（そうとは限らない）
　　　⇒Traveling abroad **can** be dangerous. 海外旅行は危険な**可能性が**あります。

日本語訳

運動会のような学校行事に親が参加するべきだと思いますか。

はい。彼らは子どもが学校でどのように振る舞っているかを見ることができます。友達や先生たちとどのように交流しているかを見る良い機会でしょう。さらに、親が出席しなかったら子どもは悲しむでしょう。

いいえ。親たちはとても忙しい生活を送っていることが多いです。学校行事のために休みを取らなければならないときもあります。親の仕事が優先されるべきで、学校行事が優先されるべきではありません。

【 解答例 】

No. 3

Do public libraries still play an important role in communities?

Yes. There are not many places in Japan where students can study for free. Especially in the countryside, sometimes there are no other places they can study except public libraries. In addition, people who do not have access to the Internet can use computers there.

No. We can have access to tons of information through the Internet. There are even digital libraries online. Therefore, we do not need to go all the way to the library to obtain necessary information.

No. It costs a lot to maintain libraries. However, the number of users keeps decreasing because they have access to the Internet. Local governments should spend that money on more important things.

解説 No. 3

公立図書館が地域社会で重要な役割を果たしているかを尋ねている問題です。

賛成の解答例では、学生たちが無料で勉強できる場所が多くないことを述べ、2文目で、特に田舎では図書館しかない場合があることを述べています。3文目でインターネットにアクセスができるという2つ目の理由を述べています。
「理由1＋具体例＋理由2」のパターンです。

反対の解答例の1つ目では、図書館ではなくインターネットで情報が得られること、電子図書館があることという2つの理由を述べ、図書館に行く必要がないと最後に述べています。
「理由1＋理由2＋〜すべき（ではない）」のパターンです。
反対の解答例の2つ目では、図書館を維持するにはお金がかかること、利用者の数が減っていることを述べ、他のことにお金を使うべきだと述べています。「理由1＋理由2＋〜すべきだ」のパターンです。

このように、「お金」は理由として使いやすいです。

日本語訳

公立図書館はまだ地域社会で重要な役割を果たしていますか。

はい。日本には学生が無料で勉強できる場所が多くはありません。特に田舎では、公立図書館をのぞいて勉強できる場所がないことがあります。さらに、インターネットを利用できない人がそこであればコンピュータを使用できます。

いいえ。私たちはインターネットを通して大量の情報にアクセスできます。ネット上には電子図書館さえもあります。それゆえに、私たちは必要な情報を手に入れるためにわざわざ図書館に行く必要がありません。

いいえ。図書館を維持するには多くのお金がかかります。しかし、インターネットにアクセスできるため、図書館の利用者は減り続けています。地方自治体はもっと重要なことにそのお金を使うべきです。

【 解答例 】

No. 4

Should more companies offer their employees flexible work schedules?

Yes. The time people can work most efficiently differs from person to person. Some are early birds, and others are night owls. Therefore, this system can lead to the best possible performance of the companies' employees.

No. That is unrealistic for most companies. At their jobs, a lot of people have to work with each other at the same time. Also, their clients and customers usually visit their workplace during the same business hours that other firms or stores follow.

解説 **No. 4**

より多くの会社がフレックスタイム制で働けるようにするべきかを尋ねています。

賛成の解答は、人によって効率的に働ける時間が異なることを述べています。その後、具体的に朝型や夜型の人がいることを述べています。最後に、最高の業績につながるはずだと1文加えています。**「理由＋具体例＋その結果こうなるはずだ」** という形で答えています。

反対の解答は、会社にとって現実的ではないと述べています。具体的にどういう状況なのかを述べ、最後に取引先や顧客が通常の営業時間に訪れることを述べています。**「理由1＋具体例＋理由2」** の形で答えています。

vocabulary

☐ **flexible work schedule**
「フレックスタイム制、変動労働時間制（※）」
☐ **differ**「異なる」
☐ **early bird**「朝型の人」
☐ **night owl**「夜型の人」
☐ **lead to ～**「～につながる」
☐ **best possible**「可能なうちで最も良い」
☐ **performance**「業績」
☐ **unrealistic**「非現実的な」
☐ **business hour**「営業時間」
☐ **firm**「会社」

（※）働き手が働く時間を決めることができる制度

日本語訳

より多くの会社が社員にフレックスタイム制を提供するべきですか。

はい。人々が最も効率的に働ける時間は人により異なります。朝型の人もいれば、夜型の人もいます。それゆえにこの制度は、会社の社員たちの可能なうち最も良い業績につながる可能性があります。

いいえ。それはほとんどの会社にとって非現実的です。仕事において、多くの人はともに同じ時間に働かなければなりません。また、取引先や顧客はたいてい、他の会社や店が従っている営業時間に職場を訪れます。

出題される質問には頻出のパターンがあります。
例えば

- ・個人が／会社が／政府が
- ・環境を守るために／環境汚染を減らすために／社会のために
- ・何かできるか／何か行っているか／十分に行動しているか／より行動するべきか

という組み合わせは頻出です。常に環境や社会に対して、個人・会社・政府ができることを考えておきましょう。

また、「環境に悪影響を与えているか」という質問もよく出題されます。
するべきことが浮かばない場合は「すでに十分行っている」「他にしなければならないことがある」などと答えることができます。

また、デジタル機器（携帯電話・スマートフォン・コンピュータ）は子ども／学生にとって良いか、という質問も頻出です。必ず答えられるようにしておきましょう。

ポイントをおさえて、次のページからはトレーニング問題に取り組んでみましょう。

トレーニング問題

質疑応答問題（No. 2〜No. 4）1回分にチャレンジしてみましょう。音声を聞いて質問に答えましょう。自分の解答は録音しておいて、次のページの解答例と比べてみましょう。

（音声を聞き、質問に答えましょう）

（2022年度第1回A日程）

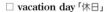

No. 2 Do you think people should spend more time outdoors to learn about nature?

No. 3 Should companies provide workers with more vacation days?

No. 4 Should the government do more to protect endangered animals?

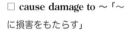 【 解答例 】

No. 2

Yes. Nature is necessary for our life. If we go outside and see nature, we will probably start to respect it more. Also, we can appreciate its beauty.

No. Many people have no choice but to work inside using computers. Therefore, it is natural to have less time to be outside. In addition, we can learn a lot about nature at home thanks to technological advancements.

No. 3

Yes. If employees work too much, it can be unhealthy. They might not be able to work because of that. This can cause serious damage to their companies.

Yes. These days, many people work too much. However, work-life balance is important for employees. Also, vacations can make their work performance improve over time.

No. We already have too many holidays. National holidays and weekends should be sufficient. Also, if workers are given more vacations, they might become lazy.

No. 4

Yes. Animals should have rights just like humans. In addition, humans and animals are interconnected. Therefore, if some animals become extinct, it might have a negative effect on human beings.

No. Humans are also facing a lot of challenges. Therefore, the government has to deal with these challenges before considering endangered animals. The priority should be placed on humans, not animals.

vocabulary

□ **vacation day**「休日」

□ **endangered animal**「絶滅危惧種の動物」

□ **appreciate**「(価値など)を理解する」

□ **have no choice but to do**「〜するより仕方ない」

□ **technological advancement**「テクノロジーの進歩」

□ **cause damage to ～**「～に損害をもたらす」

□ **work-life balance**「ワークライフバランス、仕事と生活のバランス」

□ **over time**「やがて」

□ **sufficient**「十分な」

□ **interconnect**「〜を互いに連結させる」

□ **extinct**「絶滅した」

□ **have an effect on ～**「〜に影響を与える」

□ **deal with ～**「〜に対処する」

□ **priority**「優先」

No. 2

自然について学ぶために外でより多くの時間を過ごすべきかという問題です。
「自然について学ぶため」という条件がついているのが厄介です。

賛成の解答は、自然が必要であるという理由を述べ、自然を見ればより尊重するようになるだろうと情報を加えています。さらに、自然の美しさを理解できるという2つ目の理由を述べています。

反対の解答では、1文目に多くの人は屋内で働いていることを述べ、外にいる時間が少ないのは当然だと、因果関係を使ってよりくわしく述べています。さらに、テクノロジーの進歩により自然について多くのことを家でも学ぶことができるという2つ目の理由を述べています。このように、「テクノロジーの進歩」はさまざまな問題に使える汎用性の高い理由です。

No. 3

会社がより多くの休日を社員に与えるべきかを尋ねている問題です。

賛成の解答1つ目は、働きすぎると不健全であるという理由を述べ、それによって働けなくなってしまうという因果関係を表しています。さらに、そのことによって会社に損害を与えるという因果関係を再び表しています。「不健全→働けなくなる→会社の損失」という流れを3文で表しています。このように因果関係を考えると文を増やすことができます。

賛成の解答2つ目は、人々は働きすぎているという理由を述べ、ワークライフバランスの大切さを逆接のhoweverを使って述べています。さらに休暇により業績が上がるという情報を加えています。

反対の解答は、休みがすでに多いと述べ、祝日と週末で十分だと詳述しています。さらに、休日が多くなった場合のデメリットについて触れています。

if節「もし～ならば」を使って話すのは難易度が上がりますが、アイディアを出す幅が広がるのでオススメです。

No. 4

絶滅危惧種を守るために政府がより多くのことをするべきかを尋ねている問題です。

賛成の解答では、動物にも人間と同じ権利があると述べています。その後、人と動物がつながっていることを示し、その意見を掘り下げ、動物の絶滅により人間にも悪影響があるかもしれないと加えています。

反対の解答では、人間も絶滅危惧種と同じように多くの問題に直面していると述べています。政府はそれらの課題を先に解決しなければならないとし、動物ではなく人間が優先されるべきだと締めくくっています。

このように、「政府は～するべきか」という質問は英検準1級で頻出です。

日本語訳

No. 2 人々は自然について学ぶために、もっと外で時間を費やすべきだと思いますか。

はい。自然は私たちの生活に必要です。もし、外に出て自然を見たら、おそらく自然をより尊重するようになるでしょう。また、自然の美しさを理解できます。

いいえ。多くの人はコンピュータを使って屋内で働かなければなりません。それゆえに、外にいる時間が少なくなるのは当然のことです。さらに、テクノロジーの進歩により、家でも自然について多くのことを知ることができます。

No. 3 会社は社員により多くの休日を与えるべきですか。

はい。社員が働きすぎると、不健康になる可能性があります。それにより働けなくなってしまうかもしれません。このことは会社に大きな損失をもたらすかもしれません。

はい。最近、多くの人は働きすぎです。しかし、ワークライフバランスは社員にとって大切です。また、休暇はやがて仕事の業績を改善してくれるでしょう。

いいえ。私たちにはすでに休日がありすぎます。祝日と週末で十分なはずです。また、もし社員により多くの休日が与えられたら、彼らは怠けてしまうかもしれません。

No. 4 政府は絶滅危惧種の動物を守るためにより多くのことをするべきですか。

はい。動物たちは人間と同じように権利を持つべきです。さらに人間と動物は互いにつながっています。ゆえに、もし一部の動物が絶滅してしまったら、人間に悪影響を与えるかもしれません。

いいえ。人間も多くの課題に直面しています。それゆえに、政府は絶滅危惧種の動物を気にかける前にこれらの課題に対処しなければなりません。優先されるのは人間であるべきで、動物ではありません。

ここまでで、面接で出題されるすべての設問について解説しました。
しっかり復習して、Theme 6に進みましょう。

Theme 6　面接1回分の問題に挑戦！

 Chapter 2 の最後に、準 1 級の面接 1 回分の問題に挑戦しましょう。

You have **one minute** to prepare.

This is a story about a girl who wanted to learn to skateboard.
You have **two minutes** to narrate the story.

Your story should begin with the following sentence:
One day, a girl was walking home from school.

1　　　　　　　　　　　　2

3　　　　　　　　　　　　4

（2022年度第3回C日程）

【 解答例 】

One day, a girl was walking home from school. She saw two skaters doing acrobatic moves at a skate park. She looked fascinated. The next day, at home, the girl was asking her parents if she could skate, too. Her father appeared to be convinced, but her mother looked worried. A month later, at the skate park, the girl was practicing riding a skateboard. Other kids were cheering for her, and she looked happy. A week later, however, at a hospital, she was attended to by a nurse because she had been badly injured. Her father seemed sad, and her mother told her not to skateboard anymore.

☐ **acrobatic**「アクロバティックな」

☐ **fascinate**「〜を魅了する」

☐ **appear (to be)**「〜のように見える」

= **seem (to be)**

☐ **cheer for 〜**「〜を応援する」

☐ **attend**「〜の世話をする、看護をする」

☐ **not anymore**「これ以上〜ない」

解説　ナレーション問題

　1コマ目では、まずカードにある英文を読みます。その後、スケートパークでスケートボードをしている子どもたちを描写します。そして、それに魅了されている女の子の表情を忘れずに描写します。

　2コマ目では、左上に書かれた時間を読んだ後は、場所を述べ、女の子がスケートボードをしたいと両親に話していることを描写します。父親は賛同しているような表情ですが、母親は心配している表情なのでどちらも描写しましょう。

　3コマ目では、左上の時間と場所を述べた後、女の子がスケートボードに乗る練習をしていること、他の子どもたちが応援していることを描写します。忘れずに女の子の表情も描写します。

　4コマ目では、左上の時間と病院という場所を述べ、女の子が看護師の手当を受けていることと怪我をしたことを描写します。父親の表情と母親のセリフを描写します。**tell 人 not to *do***「人に〜しないように言う」は使えるようにしておきたい表現です。

日本語訳

　ある日、女の子が学校から徒歩で家に帰るところでした。彼女はスケートパークで2人のスケーターがアクロバティックな動きをしているのを見ました。彼女は魅了されているようでした。その次の日、女の子は家で両親に、彼女もスケートボードをしていいか尋ねていました。彼女の父親は納得している表情でしたが、母親は心配しているようでした。1ヶ月後、スケートパークで女の子はスケートボードに乗る練習をしていました。他の子どもたちは彼女を応援していました。彼女は嬉しそうでした。しかし、1週間後、大怪我をしたため、彼女は病院で看護師から手当を受けていました。父親は悲しそうでした。そして母親は彼女に、もうスケートボードをしてはいけないと伝えました。

vocabulary

No. 1 Please look at the fourth picture. If you were the girl, what would you be thinking?

No. 2 Is it important for parents to participate in their children's school life?

No. 3 Is playing sports a good way for young people to develop a strong character?

No. 4 Do you think international events such as the Olympics can improve relations between nations?

━━【 解答例 】━━ Track **16**

No. 1

I'd be thinking, "I should've listened to what my mother had said. Now, I'm terribly injured, and I can't do anything, let alone skateboard. I should consider what I can do and what I can't."

☐ **terribly**「ひどく」
☐ **let alone** ～「～は言うまでもない」

No. 2

Yes. With the help of their parents, children might be able to solve problems they can't by themselves. For instance, they may have some conflicts with other children. If their parents do not give them advice or get involved, this might lead to more serious bullying.

No. Schools should encourage the students' independence. They can acquire social skills by interacting with others such as classmates and teachers. Parents' participation might negatively affect this precious opportunity for children.

☐ **with the help of** ～「～の助けにより」
☐ **conflict**「衝突」
☐ **lead to** ～「～につながる」
☐ **bullying**「いじめ」
☐ **independence**「自立」
☐ **participation**「関与、参加」

No. 3

Yes. Through sports they can learn many important aspects of life. For instance, they learn how important it is to keep working hard. This ability might help them succeed in the future.

No. They will face the fact that most of them cannot be successful in sports. This might stop them in what they do. In addition, some aren't suited for such a physically competitive environment.

☐ **aspect**「面」
☐ **help** 人 *do*「人が～するのに役立つ」
☐ *be* **suited for** ～「～に適している」
☐ **competitive**「競争的な」

No. 4

Yes. These kinds of events give many people the chance to interact with people from other countries. For instance, some build strong relationships with each other even though their home countries are enemies. This might show that anyone can become friends with others through such sporting events.

No. Sometimes those sporting events fuel the conflicts between nations. It often happens that the supporters of rival nations yell hateful remarks at each other. Good political relations are produced by talks between nations, not by playing sports together.

☐ **build a relationship**「関係を築く」
☐ **fuel**「～を煽る（悪いことをより一層悪くする）」
☐ **yell**「～を叫ぶ、大声で言う」
☐ **remark**「発言」

Theme
1
Theme
2
Theme
3
Theme
4
Theme
5
Theme
6
Theme
7
Theme
8
Theme
9
Theme
10
Theme
11
Theme
12

解説　No. 1

まず、**should have *done***（〜すべきだった）という表現を使って後悔の念を表します。その後、現在の状況を述べ、これからこうすべきだという未来のことについて述べています。「**過去→現在→未来**」で3文作るのはとても効果的な技です。もちろん「なんと言われようと自分のやりたいことをやる」といった答え方をすることもできます。

日本語訳

私は「母親が言ったことを聞いておくべきだったわ。今はひどく怪我をして何もできない、ましてやスケートボードなんてできないわ。自分は何ができて何ができないかを考えるべきだわ」と考えていると思います。

解説　No. 2

賛成の解答は、親のおかげで自分たちだけでは解決できない問題を解決できるかもしれないと理由を述べています。その後に具体例を挙げ、「もし〜だったら」というif節を使い、論をさらに深めています。if節は使えるようになりましたか？

反対の解答は、学校は生徒の自立を促すべきだと述べています。その後に、クラスメートや先生との交流を通しsocial skill（他人とうまくやっていく能力）を身につけることができると述べています。そして、親が干渉したらこの機会に悪影響があるかもしれないとして締めくくっています。この解答もある意味「親が干渉したら」というif節を使ったような解答になっています。

日本語訳

親が子どもの学校生活に関与することは重要ですか。

はい。親の助けにより、子どもたちは自分では解決できない問題を解決できるかもしれません。例えば他の子どもたちと揉めるかもしれません。親が助言をしたり、介入をしたりしないとよりひどいいじめにつながったりするかもしれません。

いいえ。学校は生徒の自立を奨励するべきです。クラスメートや先生といった他人と交流することで社会的スキルを身につけることができます。親の関与は、子どもたちのこの貴重な機会に悪影響を及ぼすかもしれません。

解説　No. 3

賛成の解答は、スポーツを通して多くの重要な人生の側面が学べるという利点を述べ、具体例として一生懸命やり続けることの重要性を学べることを挙げています。最後にそれが将来の成功に役立つと因果関係を示す表現を使って表しています。

反対の解答は、スポーツで成功する人はほとんどいないという現実について述べています。そしてそのことがモチベーションを下げることにつながるという因果関係を表しています。さらに、体力的な競争に向かない人もいるという2つ目の理由を述べています。

日本語訳

スポーツをすることは若者が強い人格を養うのに良い方法ですか。

はい。スポーツを通して彼らは、多くの重要な人生の側面を学ぶことができます。例えば、一生懸命やり続けることがどれほど大事か学びます。この能力が彼らの将来の成功に役立つかもしれません。

いいえ。彼らは、ほとんどの人がスポーツでは成功できないという事実に直面するでしょう。これにより、行っていることをやめてしまうかもしれません。さらに、そういった体力勝負の環境に不向きな人もいます。

解説　No. 4

賛成の解答は、他国の人との交流の機会があるという理由を述べています。次の文で敵国出身でも友達になれるという具体例を挙げています。3文目で、これはスポーツイベントを通して誰もが友達になれるのかもしれないことを示している、とまとめています。

反対の解答はスポーツが逆に国同士の仲を悪化させてしまうことがあるという意見を述べています。次の文でヤジを飛ばしあうという具体例を述べています。最後に良い関係は対話によって生まれるのだとまとめています。

最後の2つの解答例は英作文でも使えるようなレベルの高い表現にしてあります。実際はもっとやさしい表現でいいので、とにかくYes. / No. のあとに3文述べることを意識してください。

日本語訳

オリンピックのような国際的なイベントは国同士の関係を良くすることができると思いますか。

はい。こういったイベントは多くの人に他の国の人と交流する機会を与えます。例えば、自分たちの国が敵同士であっても、お互いに強固な関係を築く人たちもいます。これは、そういったスポーツイベントを通して誰もが友達になれることを示しているのかもしれません。

いいえ。そういったスポーツイベントが国同士の衝突をいっそう煽ることがあります。ライバル国のサポーターたちがお互いに悪意のある発言を叫び合うということはよく起こります。政治的に良い関係は国同士の対話によって生じるのであって、ともにスポーツをすることによって生じるのではありません。

なお、2024年度第1回からNo. 4の質問文が長くなります。ただ、きちんと聞き取ることができれば問題ないので、そこまで心配する必要はありません。
例えば今回のNo. 4の問題であれば、

> There are many international sporting events in the world, such as the Olympics and World Cup. Do you think such events can improve relations between nations?
> （世界にはオリンピックやワールドカップのような国際的なスポーツイベントがたくさんあります。こういったイベントが国同士の関係を良くすると思いますか）

といったように導入の文が加わります。

この1文が加わることにより、聞き取らなければならない英文が増えます。やっかいなのはこの1文中に受験者が答えたいことが出てくる可能性があることです。例えば

> Many people use plastic bags even though they are bad for the environment. Do you think more people will use plastic bags in the future?
> （多くの人々が環境に悪いのにビニール袋を使っています。将来、より多くの人々がビニール袋を使うと思いますか）

という文では理由に「環境に悪い」と言いたかったのに導入文ですでにその意見を言われてしまった、ということが起こってしまうわけです。

Chapter

3

Listening

- ポイント解説
- トレーニング問題

Theme 7 会話の内容一致選択問題をおさえよう！

Point① 準1級の会話の内容一致選択問題はどんな問題？

○2人の会話を聞き、その内容に合うものとして最も適切な選択肢を選ぶ問題。
例えば、以下のような会話と質問が放送されます。

例

A : Honey, did you see that the new restaurant down the block finally opened?

B : I'm sorry, I can't chat right now. I need to start making dinner so it'll be ready by the time the kids get home from school.

A : Leave dinner to me.

（中略）

Question : What does the man offer to do?

（2022年度第2回（7）より一部抜粋）

この会話の内容から、質問内容に合う選択肢を選ぶ問題です。

以下で詳しく解説しますが、**会話文中の言葉や内容が選択肢では他の言葉に言い換えられていることが多く、言い換えを見抜けるかどうかも問われます。**

○問題数　：12問
○放送回数：1回
○問題用紙には選択肢のみ記載されています。

Point② 準1級の会話の内容一致選択問題の攻略方法とは？

○話し手の立場・間柄を理解する

Part 1 では話し手の立場や間柄を理解することで正解を導きやすくなります。

話し手の立場：ある話題に対して賛成か反対か

話し手の間柄：会社の同僚・親子・客と店員

これらの情報は会話の出だしでわかることが多いので、出だしを聞き逃さないようにしましょう。例えば、

> ☆Good evening, sir. May I see your ticket, please?
> ★Here you are. I'm taking the 6:30 flight to Boston. I'd like an aisle seat, if possible.
>
> （2021年度第2回（2）より一部抜粋）
>
> ☆お客さま、こんばんは。 チケットを見せていただけますか？
> ★どうぞ。ボストン行きの6時半の便に乗ります。できれば通路側の席をお願いします。
>
> ＊本書の星印は、「★＝男性1人目」「☆＝女性1人目」を表します。

という出だしであれば、ticket、flight、aisle seat 等の表現からこれは航空会社の職員と客のやり取りであるとわかります。

○代名詞に注意する

　代名詞は質問に直接関係することが多いです。例えば、会話の中で、

　　I'll do it. / That's a good idea.

のような表現が使われた場合、itやThatの内容が問われることが多いです。例えば、会社の同僚の間で次のようなやり取りがあったとします。

> ★Well, why don't I do the driving next week, and you can take your turn once your car's fixed?
> ☆That would be great. Thanks a lot.
>
> ★ええと、来週は僕が運転するのはどうかな。そして君の車が直ったら君の番にできるよ。
> ☆それは良いわね。ありがとう。
>
> （2021年度第3回（3）より一部抜粋）

この問題の実際の質問では、Thatの内容が問われていました。Thatは男性のI do the driving next week, and you can take your turn once your car's fixedを指しています。このように代名詞の指す内容は問われる頻度が高いので、常に注意を払いましょう。

○言い換えに注意する

英検準1級では本文の表現がそのまま正解の選択肢に書かれていることはまれで、ほとんどの場合、**異なる表現や、内容をまとめた表現**で言い換えられます。例えば、

> ☆Hey, honey, did you mail my mom's present like I asked you to?
> ★Uh, I'll do it tomorrow on my way to work.
> ☆I can't believe it. This is the third time I've reminded you.
>
> ☆ねぇ、あなた、ママのプレゼントはお願いしたように郵送してくれた？
> ★明日、仕事に行く途中にするよ。
> ☆信じられない。念を押したのはこれで3回目だよ。
>
> （2021年度第1回（1）より一部抜粋）

という問題に対する質問は、

　☆**Question:** What does the woman imply?
　　女性が示唆していることは何ですか。

でした。この質問の正解は**The man is not very reliable.**（男性はあまり信用できない）です。not very reliableという表現は会話の中には出てきませんが、この会話の内容をまとめた表現ですね。このように、正解の選択肢では本文の表現とは異なるものや、本文の内容をまとめた表現が使われるので、注意が必要です。これらに気をつけて、次のページからは2問の例題に取り組んでみましょう。

【 例題 1 】

1 He wants to move out.
2 He likes to have parties.
3 He is not very open.
4 He is very messy.

(2022年度第 1 回 (2))

● 放送された英文

☆ Fernando, how are you getting along with your dorm roommate?

★ Oh, he's all right, Mom, I guess. He's pretty tidy, but he's not very communicative. I never know what's on his mind.

☆ Do you ever do things together?

★ Almost never. I spend more time with the other guys on my floor. They're a little crazy, but they're fun.

☆ Well, I'm glad you're enjoying yourself, but don't forget to spend enough time on your studies.

☆ Question: What does Fernando suggest about his roommate?

解説

寮生活をしている男性と、その母が寮の他の学生について会話をしています。男性は最初の発言で、ルームメイトについて、but以降で否定的な見方を述べていますね。このように、**人物の態度や立場を大まかにおさえておくことが大切**です。

質問は、

What does Fernando suggest about his roommate?
（フェルナンドがルームメイトについて示唆していることは何ですか）

ですが、男性は1回目の発言で、

Oh, he's all right, Mom, I guess. He's pretty tidy, but he's not very communicative. I never know what's on his mind.
（うーん、まあまあかな、お母さん。彼はとてもきれい好きだけど、あまりコミュニケーションをとろうとしないんだ。彼が何を考えているのか全然わからないよ）

と述べています。but以降の内容から、男性はルームメイトがあまり社交的ではないという印象を持っていることがわかります。したがって、答えは **3** の He is not very open. となります。会話文の中の**not very communicative**が**not very open**と言い換えられています。

解答 3

Theme 1
Theme 2
Theme 3
Theme 4
Theme 5
Theme 6
Theme 7
Theme 8
Theme 9
Theme 10
Theme 11
Theme 12

日本語訳

☆フェルナンド、寮のルームメイトとはうまくいってる？

★うーん、まあまあかな、お母さん。彼はとてもきれい好きだけど、あまりコミュニケーションをとろうとしないんだ。彼が何を考えているのか全然わからないよ。

☆一緒に何かすることはあるの？

★ほとんどない。僕は同じフロアの他の仲間たちと一緒にいることが多い。彼らはちょっとクレイジーだけど、楽しいよ。

☆まあ、あなたが楽しんでいるのは嬉しいけど、勉強に十分な時間を費やすことを忘れないでね。

☆質問：フェルナンドがルームメイトについて示唆していることは何ですか。

（選択肢）

1 彼は引っ越したがっている。

2 彼はパーティーを開くのが好きだ。

3 彼はあまりオープンではない。

4 彼はとてもだらしない。

【 **例題2** 】

1 Purchase a new computer.
2 Renew their security program.
3 Help the woman with her report.
4 Take the computer in for repairs.

Track 18

（2021年度第1回 (5)）

放送された英文

☆Hi, Frank. I'm sorry to bother you at work. Did you do something to our home computer? I'm trying to get a report done, and the whole system is really slow.

★The security software expired a few days ago, and I haven't had a chance to renew it yet. We may have picked up a virus or something.

☆We'd better renew it right away. I'd do it, but I don't really know how.

★I'll do it when I get home this evening.

★Question: What will Frank do tonight?

解説

コンピュータの問題を相談する女性と、それに応答する男性の会話です。コンピュータが遅い原因について男性は、The security software expired a few days ago（セキュリティソフトが数日前に期限切れになってしまったんだ）、そして We may have picked up a virus or something.（ウイルスか何かに感染しちゃったかも）と、コンピュータウイルスに感染している可能性を伝えます。その後の女性と男性のやり取りは、

☆We'd better renew it right away. I'd do it, but I don't really know how.
（すぐにそれを更新した方がいいわ。自分でやりたいけど、やり方があまりわからないの）

★I'll do it when I get home this evening.
（今晩家に帰ったらやるよ）

という内容です。質問は、

What will Frank do tonight? (フランクは今晩何をしますか)

ですが、これは男性の最後の発言のdo itの内容が理解できているかが問われています。doは直前の女性の発言で使われている動詞renew、そして流れからするとdo itのitはその前の男性の発言のThe security softwareを指しています。このThe security softwareは正解の選択肢では、their security programと言い換えられており、正解は **2** の Renew their security program. となります。

今回の問題は**男性の最後の発言のdo itの内容をしっかりと理解すること**と、**会話文の中の発言と選択肢の言い換えに気づくことがポイント**でした。

解答 **2**

日本語訳

☆ねえ、フランク。仕事中に邪魔してごめんなさい。家のコンピュータに何かした？　レポートを終わらせようとしているんだけど、システム全体が本当に遅いの。

★セキュリティソフトが数日前に期限切れになってしまったんだ。そしてまだ更新する機会がなかったんだよね。ウイルスか何かに感染しちゃったかも。

☆すぐにそれを更新した方がいいわ。自分でやりたいけど、やり方があまりわからないの。

★今晩家に帰ったらやるよ。

★質問：フランクは今晩何をしますか？

（選択肢）
1 新しいコンピュータを買う。
2 セキュリティプログラムを更新する。
3 女性のレポートを手伝う。
4 コンピュータを修理に持ち込む。

Theme 1

Theme 2

Theme 3

Theme 4

Theme 5

Theme 6

Theme 7

Theme 8

Theme 9

Theme 10

Theme 11

Theme 12

Part 1のポイントは理解できましたか？
確実に理解して、次のページのトレー
ニング問題に進みましょう。

トレーニング問題

会話の内容一致選択問題にチャレンジしてみましょう。
音声を聞き、会話の内容に合うものを選択肢から1つ選びましょう。

☐ (1)
1 It has large portions.
2 It is a short drive from home.
3 It is cheaper than other places.
4 It has a good reputation.

(2022年度第1回(7))
Track 19

☐ (2)
1 Go fishing with Ronan.
2 Attend a teaching conference.
3 Take his wife to a movie.
4 Look after the children.

(2021年度第1回(8))
Track 20

☐ (3)
1 She is looking for a new job.
2 She is keeping her current job.
3 She failed her job interview.
4 She started a new job.

(2021年度第1回(3))
Track 21

☐ (4)
1 Purchase more blankets.
2 Replace their heating unit.
3 Call the electric company.
4 Use the heating less at night.

(2021年度第2回(12))
Track 22

☐ (5)
1 Jason's teachers should make more effort.
2 Jason should transfer to a private school.
3 Jason's homework load has increased.
4 Jason should be sent to a tutor.

(2022年度第3回(8))
Track 23

☐ (6)
1 She will find it hard to get the money.
2 She barely knows the bride.
3 She can no longer attend the wedding.
4 She already bought a gift.

(2021年度第2回(1))
Track 24

☐ (7)
1 Reschedule the appointment.
2 Come back tomorrow.
3 Speak with his secretary.
4 Call Mr. Phelps another time.

(2021年度第2回(8))
Track 25

(8)
1 Try using some earplugs.
2 Have Ranjit talk to her neighbors.
3 Complain about her landlord.
4 Write a message to her neighbors.

Track 26

(2021年度第 3 回 (12))

(9)
1 Sharing the responsibilities.
2 Shortening Patty's visit.
3 Making the decision later.
4 Postponing the visit.

Track 27

(2021年度第 2 回 (4))

(10)
1 Get a new sofa right away.
2 Buy a sofa online.
3 Look for a sofa on sale.
4 Repair their current sofa.

Track 28

(2023年度第 1 回 (8))

(11)
1 The woman should prepare more for the audition.
2 The woman's career plan is unrealistic.
3 He chose the wrong major in college.
4 He should have pursued a career in music.

Track 29

(2021年度第 2 回 (11))

(12)
1 Her wallet is missing.
2 Her train pass expired.
3 She missed her train.
4 She wasted her money.

Track 30

(2022年度第 1 回 (10))

(13)
1 Visit her brother in the hospital.
2 Submit her assignment.
3 Ask her brother for help.
4 Choose a new assignment topic.

Track 31

(2023年度第 1 回 (1))

(1) **解答** **1**

> **放送された英文**
> ☆Would you mind picking up some takeout on your way home?
> ★No problem. How about burgers?
> ☆Too greasy. I was thinking about that Korean restaurant we went to last week.
> ★That's not exactly on my way home, and it's a little pricey.
> ☆I know, but the servings are huge. We'd have enough for lunch tomorrow, too. Korean food is just as good the next day.
> ★All right. They're usually pretty quick with orders, so I should be home by around six.
> ★Question: What is one reason the woman suggests the Korean restaurant?

> **日本語訳** ☆あなたの帰り道にテイクアウトを買ってきてくれない？
> ★問題ないよ。バーガーはどう？
> ☆脂っこすぎるわ。私たちが先週行ったあの韓国料理のレストランのことを考えてたんだけど。
> ★正確にはそれは帰り道にはないし、値段が少し高めだね。
> ☆ええ、でもあのレストランの盛り付けはとても多いわ。明日のランチにも十分な量があるだろうし。韓国料理は翌日も全く同じくらい美味しいし。
> ★わかった。彼らはだいたい注文に素早く対応するから、6時ごろまでには家に帰れるはず。
> ★質問：女性が韓国料理のレストランを提案している1つの理由は何ですか。

> **選択肢と訳** **1** It has large portions.
> **2** It is a short drive from home.
> **3** It is cheaper than other places.
> **4** It has a good reputation.
>
> **1** 量が多い。
> **2** 家から車ですぐだ。
> **3** 他の場所より安い。
> **4** 評判が良い。

> **解説** 女性が男性に、帰り道に何かをテイクアウトしてもらえるようにお願いしています。男性は最初の発言でHow about burgers?（バーガーはどう？）と提案していますが、女性はそれに対してToo greasy. I was thinking about that Korean restaurant we went to last week.（油っこすぎるわ。私たちが先週行ったあの韓国料理のレストランのことを考えてたんだけど）と別の提案をしています。質問はWhat is one reason the woman suggests the Korean restaurant?（女性が韓国料理のレストランを提案している1つの理由は何ですか）。解答の根拠は、女性の最後の発言のthe servings are huge（盛り付けがとても多い）で、これをIt has large portions.（それは量が多い）と言い換えた**1**が正解。
> **2**は男性のThat's not exactly on my way home（正確にはそれは帰り道にはない）というレストランの場所から連想されるひっかけ。**3**は男性のit's a little pricey（それは値段が少し高い）という値段に関する発言から連想されるひっかけ。**4**は会話の中で述べられていません。

(2) **解答** **4**

> **放送された英文**
> ☆Honey, what are you doing on the 17th?
> ★This Saturday? Uh, I was thinking about going fishing with Ronan.
> ☆Could you go on Sunday? There's an all-day teachers conference that I'd like to attend. I was hoping you could watch the kids.
> ★OK. Maybe I'll take them to a movie, and then grab some dinner on our way home.
> ☆I appreciate it, honey.
> ☆Question: What will the man do on the 17th?

> **日本語訳** ☆あなた、17日は何をするの？
> ★今週の土曜日？ えーと、ローナンと釣りに行こうと思ってたよ。
> ☆日曜日に行ける？ 参加したい終日の教員会議があるの。子どもたちを見ていてもらえたら嬉しいんだけど。

★いいよ。子どもたちを映画に連れて行って、帰りに夕食をさっと食べようかな。

☆ありがとう、あなた。

☆質問：男性は17日に何をしますか。

選択肢と訳
1 Go fishing with Ronan.
2 Attend a teaching conference.
3 Take his wife to a movie.
4 Look after the children.

1 ローナンと釣りに行く。
2 教育会議に出席する。
3 妻を映画に連れて行く。
4 子どもたちの面倒を見る。

解説 女性の最初の発言のHoneyという呼びかけから、2人は夫婦またはカップルであることが推測できます。女性は17日の土曜日の予定について確認をしています。質問はWhat will the man do on the 17th?(男性は17日に何をしますか)。男性は最初の発言でI was thinking about going fishing with Ronan.(ローナンと釣りに行こうと思ってたよ)と述べていますが、女性が2回目の発言でI was hoping you could watch the kids.(子どもたちを見ていてもらえたら嬉しいんだけど)と述べており、男性はそれを了承しています。したがって、正解はwatch the kidsをlook after the childrenと言い換えた **4** です。

1は男性の当初の予定で、**2**は女性の予定です。**3**は「映画」について述べていますが、会話の中では子どもたちを映画に連れていくと述べられています。

(3) **解答** **2**

▶放送された英文

☆Hey, John. Did you hear whether Stacey got the job or not? I haven't seen her for a while.

★I had lunch with her yesterday. Apparently, the company offered her the job, but she turned them down.

☆You're kidding! She seemed really interested when I last spoke to her.

★I know, but after the interview, she reconsidered and decided she's better off where she is now.

☆Well, I did wonder why she wanted to change jobs in the first place.

☆Question: What do we learn about Stacey?

日本語訳
☆ねえ、ジョン。ステーシーがその仕事をもらったかどうか、聞いた？ 私はしばらく彼女に会っていないわ。

★僕は昨日彼女とランチをしたんだ。どうやら、会社が彼女に仕事を提示したんだけど、彼女は断ったんだ。

☆冗談でしょう！ 彼女は最後に話したとき、本当に興味を持っているように見えたわ。

★知ってるよ。でも面接後に考え直して、彼女は今の仕事の方が良いと決めたんだ。

☆まあ、そもそもなぜ彼女が転職したがっていたのか、本当に不思議に思ったわ。

☆質問：ステーシーについて何がわかりますか。

選択肢と訳
1 She is looking for a new job.
2 She is keeping her current job.
3 She failed her job interview.
4 She started a new job.

1 彼女は新しい仕事を探している。
2 彼女は現在の仕事を続けている。
3 彼女は仕事の面接に落ちた。
4 彼女は新しい仕事を始めた。

解説 女性と男性が、共通の知人ステーシーについて話しています。質問はWhat do we learn about Stacey?(ステーシーについて何がわかりますか)。彼女が仕事に就いたのかどうかについて、男性she turned them(＝the company)down(彼女は彼らを断った)→女性She seemed really interested when I last spoke to her.(彼女は最後に話したとき、本当に興味を持っているように見えた)→男性she reconsidered and decided she's better off where she is now

□ **whether**「〜かどうか」

□ **for a while**「しばらく」

□ **apparently**「どうやら」

□ **turn 〜 down**「〜を断る」

□ **You're kidding!**「冗談でしょ！」

□ **reconsider**「考え直す」

□ *be* **better off 〜**「〜の方が良い」

□ **in the first place**「そもそも」

□ **current**「現在の」

□ **fail**「〜(試験など)に落ちる」

（彼女は考え直して、今の仕事が良いと決めた）と、2人がステーシーについて知っていることを順に述べています。she reconsidered and decided she's better off where she is nowを言い換えた **2** She is keeping her current job. （彼女は現在の仕事を続けている）が正解。

1 は女性の発言のShe seemed really interested（彼女は（仕事に）とても興味がある）という内容から連想されるひっかけ。**3** は会話中のinterview、**4** はjobから連想されるひっかけの選択肢。

(4) **解答** **4**

▶ **放送された英文**

★You're looking very serious. What's the matter?
☆It's our electric bill. It was over $250 last month.
★Well, it was the coldest month this winter.
☆Yes, but that still seems high. Maybe I'll call the electric company.
★I'm sure the bill's correct. I think we should start turning down the temperature at night. We have extra blankets we can use to keep warm.
☆I guess we can start with that and see if it helps.
☆Question: What does the couple decide to do first?

日本語訳
★とても深刻な顔をしているね。どうしたの？
☆うちの電気代よ。先月は250ドルよりも高かったよ。
★うーん、この冬で一番寒い月だったからね。
☆うん、でもそれでも高いように思えるわ。電力会社に電話してみようかな。
★請求書はきっと正しいよ。夜は温度を下げ始めたほうがいいと思う。暖をとるのに使える余分な毛布があるから。
☆まずはそれをやってみて、うまくいくか確かめてみよう。
☆質問：夫婦はまず何をすることにしましたか。

選択肢と訳
1 Purchase more blankets.
2 Replace their heating unit.
3 Call the electric company.
4 Use the heating less at night.

1 毛布を買い足す。
2 暖房器具を交換する。
3 電気会社に電話する。
4 夜間の暖房の使用を減らす。

解説 男性のWhat's the matter?（どうしたの？）という発言に対して、女性はIt's our electric bill.（うちの電気代よ）と答えています。このことから、2人は一緒に暮らしている夫婦またはカップルであることが推測できます。続いて女性はIt was over $250 last month.（先月は250ドルよりも高かったよ）と述べており、電気代の高さが話題になっていることがわかります。質問はWhat does the couple decide to do first?（夫婦はまず何をすることにしましたか）。男性は3回目の発言でI think we should start turning down the temperature at night. We have extra blankets we can use to keep warm.（夜は温度を下げ始めたほうがいいと思う。暖をとるのに使える余分な毛布があるから）と述べており、女性はその内容を受けてI guess we can start with that（まずはそれをやってみよう）と答えているので、正解はturning down the temperatureをuse the heating lessと言い換えた **4** です。**1**、**2** は述べられていません。**3** は女性が一度提案していますが、その後男性が却下しています。

(5) **解答** **1**

▶ **放送された英文**

☆Honey, look at Jason's report card. He's still struggling in math.
★I guess I should start helping him with his homework again.
☆I think it's past that point now. We need to seriously consider getting him a tutor.
★We're already paying so much for his private schooling. Shouldn't his teachers be doing something about it?
☆I understand your frustration, but I think some one-on-one time in another environment would really help him.
★I just hate to think of spending even more money right now.
☆Question: What does the man think?

□ **serious**「深刻な」
□ **What's the matter?**「どうしたの」
□ **electric bill**「電気代」
□ **still**「それでも」
□ **turn down ～**「～を下げる」
□ **extra**「余分な」
□ **see if ～**「～かどうか確かめる」
□ **purchase**「～を購入する」
□ **replace**「～を交換する」

□ **struggle**「もがく、苦しむ」
□ **seriously**「真剣に」
□ **tutor**「家庭教師」
□ **private school**「私立学校（の教育）」
□ **frustration**「不満」
□ **one-on-one**「1対1の」

日本語訳 ☆あなた、ジェイソンの成績表を見て。数学でまだ苦しんでいるみたいだわ。
★また彼の宿題を手伝い始めるべきかな。
☆もうその時期は過ぎていると思う。彼に家庭教師をつけることを真剣に考える必要があるわ。
★私たちはすでに彼の私立学校にたくさんのお金を払っているんだ。彼の先生たちはそれに関して何かをするべきではないかな？
☆あなたの不満はわかるけど、別の環境での1対1の時間は、本当に彼の助けになると思うの。
★ただ、今いっそう多くのお金を使うことを考えるのは嫌だな。
☆質問：男性はどう思っていますか。

選択肢と訳 1 Jason's teachers should make more effort.
2 Jason should transfer to a private school.
3 Jason's homework load has increased.
4 Jason should be sent to a tutor.

1 ジェイソンの先生たちはもっと努力すべきだ。
2 ジェイソンは私立学校に転校すべきだ。
3 ジェイソンの宿題の量は増えた。
4 ジェイソンは家庭教師のもとに送られるべきだ。

解説 女性と男性が息子ジェイソンの成績について話しています。男性は最初の発言で、I guess I should start helping him with his homework again.（また彼の宿題を手伝い始めるべきかな）と言いますが、それに対して女性はI think it's past that point now. We need to seriously consider getting him a tutor.（もうその時期は過ぎていると思う。彼に家庭教師をつけることを真剣に考える必要があるわ）と意見が食い違っています。質問はWhat does the man think?（男性はどう思っていますか）。解答の根拠は男性の2回目の発言Shouldn't his teachers be doing something about it?（彼の先生たちはそれに関して何かをするべきではないかな）です。それを should make more effort（もっと努力すべきだ）と言い換えた **1** が正解。
2 は本文のprivate schoolingを利用したひっかけ。**3** は男性の最初の発言にあるhomeworkという単語から連想されるひっかけ。**4** は女性の意見なので誤り。

(6) **解答** 1

▶ 放送された英文
☆Yusuke, I'm going to a Japanese-style wedding next month. What kind of present should I buy?
★It's pretty easy here in Japan. We just give cash wrapped in a special envelope.
☆Really? Is that all?
★Yeah, it's the custom here. How close are you to the couple?
☆The bride is my best friend in Japan.
★Ah. In that case, you're looking at around 30,000 yen.
☆That much!? I'll have to cut way back on expenses this month so I can cover that.
★Well, good luck.
☆Question: What does the woman tell Yusuke?

日本語訳 ☆ユースケ、私来月日本式の結婚式に行くの。どんなプレゼントを買ったらいいかな？
★それはここ日本ではとても簡単だよ。現金を専用の封筒に入れて渡すだけだから。
☆そうなの？　それだけ？
★うん、それがここの習慣なんだ。ご夫婦とはどのくらい親しいの？
☆新婦は日本での親友よ。
★ああ。その場合、3万円くらいになるよ。
☆そんなにたくさん!?　それをまかなうには今月は出費をかなり切り詰めないといけないわ。
★まあ、頑張って。
☆質問：女性はユースケに何と言っていますか。

vocabulary

□ **transfer**「転校する」
□ **load**「量」

□ **pretty**「とても」
□ **cash**「現金」
□ **wrap**「〜をくるむ」
□ **envelope**「封筒」
□ **custom**「習慣」
□ **bride**「新婦」
□ **cut back on 〜**「〜を切り詰める」
□ **way**「かなり」
□ **expense**「出費」
□ **cover**「〜をまかなう」

選択肢と訳

1 She will find it hard to get the money.
2 She barely knows the bride.
3 She can no longer attend the wedding.
4 She already bought a gift.

1 彼女はそのお金を手に入れるのが難しいと思うだろう。
2 彼女は新婦をほとんど知らない。
3 彼女はもう結婚式に出席できない。
4 彼女はすでに贈り物を買った。

解説 日本式の結婚式に出席するという女性は男性に対して What kind of present should I buy?（どんなプレゼントを買ったらいいかな？）と聞いており、男性は It's pretty easy here in Japan.（それはここ日本ではとても簡単だよ）と、日本での習慣を説明しています。質問は What does the woman tell Yusuke?（女性はユースケに何と言っていますか）。男性の3回目の発言 In that case, you're looking at around 30,000 yen.（その場合、3万円くらいになるよ）に対して、女性は That much!? I'll have to cut way back on expenses this month so I can cover that.（そんなにたくさん!?　それをまかなうには今月は出費をかなり切り詰めないといけないわ）と答えています。したがって、正解はその内容を言い換えた **1**。
2 は親友であるという本文の内容と矛盾します。**3** は述べられていません。**4** は冒頭の「何を買ったらいいか」という質問と矛盾します。

---

(7) **解答** **4**

放送された英文

★Good morning. My name is Tom Hendricks. I'm here to see Mr. Phelps.
☆I'm sorry, Mr. Hendricks. Mr. Phelps is out of town today. Did you have an appointment to see him?
★Well, I thought so. I had my secretary schedule it last week.
☆Let me check.... Oh, it seems he's scheduled to meet you tomorrow at this time.
★Really? I guess I must have written it down wrong. Well, could you please see that he gets these brochures? I'll call him later in the week to discuss them.
☆I'll see that he gets them.
☆Question: What does Mr. Hendricks say he will do?

日本語訳 ★おはようございます。私の名前はトム・ヘンドリックスです。フェルプス氏に会いに来ました。
☆申し訳ありません、ヘンドリックスさん。フェルプス氏は、今日は町の外に出かけています。お会いするお約束はありましたか？
★ええ、そう思っていました。先週、私の秘書に予定を組んでもらいました。
☆確認してみます……。あら、彼は明日のこの時間にあなたに会う予定のようです。
★本当ですか？　それなら、私が書き間違えたに違いないと思います。では、彼にこれらのパンフレットが渡るようにしていただけますか？　今週中の後日彼に電話して、それらについて話し合います。
☆それらが彼に渡るようにいたします。
☆質問：ヘンドリックスさんは何をすると言っていますか。

選択肢と訳 **1** Reschedule the appointment.
2 Come back tomorrow.
3 Speak with his secretary.
4 Call Mr. Phelps another time.

1 約束の日程を変更する。
2 明日戻ってくる。
3 彼の秘書と話す。
4 他の機会にフェルプス氏に電話をする。

解説 フェルプス氏に会いに来た男性に対して、女性は最初の発言で Mr. Phelps is out of town today.（フェルプス氏は、今日は町の外に出かけています）と、2回目の発言では、it seems he's scheduled to meet you tomorrow at this time（彼（＝フェルプス氏）は明日のこの時間にあなたに会う予定のようです）と答えており、2人の予定がかみ合っていないことがわかります。その状況に対して、男性は3回目の発言で、I'll call him later in the week（今週中の後日彼

☐ **appointment**「約束、予約」
☐ **secretary**「秘書」
☐ **see that ~**「～するように取り計らう」
☐ **brochure**「パンフレット」
☐ **reschedule**「～の予定を変更する」

に電話します）と答えています。質問は What does Mr. Hendricks say he will do?（ヘンドリックスさんは何をすると言っていますか）で、call him later を Call Mr. Phelps another time.（他の機会にフェルプス氏に電話をする）と言い換えた **4** が正解。

1 は述べられていません。**2** については、女性が明日の面会予定に言及していますが、男性はまた戻ってくるとは述べていません。**3** は述べられていません。

---

(8) **解答 4**

放送された英文

★Hey, Sharon. Are you OK? You look exhausted.

☆Hi, Ranjit. Yeah, I can't sleep because of my upstairs neighbors. They're awake at all hours of the night. Even earplugs haven't worked, so I'm going to complain to the landlord.

★Have you thought about writing a polite note to them first? They might get upset if you go directly to the landlord.

☆I hadn't thought about that. Have you ever tried something like that?

★No, but I've read online that it can be quite effective.

☆Thanks. I think I'll do that.

★Question: What will the woman most likely do?

日本語訳

★やあ、シャロン、大丈夫？　疲れ果てて見えるよ。

☆やあ、ランジット。そうね、上の階の人のせいで眠れないの。彼らは一晩中起きているのよ。耳栓も効かないから、大家さんにクレームをつけようと思っているの。

★まずは隣人に丁寧に手紙を書いてみることは考えた？　大家さんのところに直接行ったら彼らは怒るかもしれないよ。

☆それは考えていなかったわ。あなたは今までにそういうことを試したことはある？

★いや、でもそれがかなり効果的な可能性があるとネットで読んだことがあるよ。

☆ありがとう。そうしてみる。

★質問：女性は何をする可能性が最も高いですか。

選択肢と訳

1 Try using some earplugs.
2 Have Ranjit talk to her neighbors.
3 Complain about her landlord.
4 Write a message to her neighbors.

1 耳栓をしてみる。
2 ランジットに彼女の隣人と話をさせる。
3 大家さんについてクレームをつける。
4 隣人にメッセージを書く。

解説 2人は女性の隣人について話しています。女性は最初の発言で They're awake at all hours of the night.（彼らは一晩中起きているのよ）と、深夜の騒音被害を伝えています。質問は What will the woman most likely do?（女性は何をする可能性が最も高いですか）。解答根拠は女性の最後の発言 I think I'll do that.（そうしてみる）で、この that は男性の2回目の発言 Have you thought about writing a polite note to them first?（まずは隣人に丁寧に手紙を書いてみることは考えた？）で提示された提案を指しています。したがって、writing a polite note を write a message と言い換えた **4** が正解です。

1 は女性がすでに試して効果がないと述べています。**2** や **3** は述べられていません。

---

vocabulary

□ **exhausted**「疲れ果てた」

□ **upstairs**「上の階の」

□ **awake**「起きている」

□ **earplug**「耳栓」

□ **complain**「クレームをつける」

□ **landlord**「大家」

□ **polite**「丁寧な」

□ **upset**「怒った」

□ **quite**「かなり」

□ **effective**「効果的な」

Theme 1

Theme 2

Theme 3

Theme 4

Theme 5

Theme 6

Theme 7

Theme 8

Theme 9

Theme 10

Theme 11

Theme 12

(9) **解答** **2**

★Honey, I'm going to invite my sister to stay with us this summer.
☆Don't I have a say in this matter?
★Uh, sure you do, but I thought you liked Patty.
☆Of course, but a whole summer? I'm the one who has to cook for an extra person.
★I get the point. How about a couple of weeks in July, then?
☆Well, that might be better.
★Question: What does the woman suggest to the man?

日本語訳 ★あのさ、この夏は妹を家で僕たちと過ごすよう招待するつもりなんだ。
☆このことに関して私の発言権はないの？
★えっと、もちろんあるよ。でも、君はパティのことを気に入ってると思ってた。
☆もちろん、でも夏の間ずっと？　もう１人のために私が料理をしなければならないのよ。
★わかったよ。それなら７月に２、３週間はどう？
☆ええ、そのほうが良いかもしれないわ。
★質問：女性は男性に何を提案していますか。

選択肢と訳 1 Sharing the responsibilities.
2 Shortening Patty's visit.
3 Making the decision later.
4 Postponing the visit.

1 責任を分かち合うこと。
2 パティの滞在を短くすること。
3 あとで決断すること。
4 訪問を延期すること。

解説 男性の最初の発言 Honey, I'm going to invite my sister to stay with us this summer.（あのさ、この夏は妹を家で僕たちと過ごすよう招待するつもりなんだ）という提案に対して、女性がDon't I have a say in this matter?（このことに関して私の発言権はないの？）と返していることから、女性は男性の提案に対して不満を持っているとわかります。質問は What does the woman suggest to the man?（女性は男性に何を提案していますか）です。男性の３回目の発言How about a couple of weeks in July, then?（それなら７月に２、３週間はどう？）の then（それなら）が指す内容に注目しましょう。then が指すのは、直前の女性の発言 but a whole summer? I'm the one who has to cook for an extra person.（でも夏の間ずっと？　もう１人のために私が料理をしなければならないのよ）で、女性は男性の妹の滞在が長すぎるので短くしてほしいと間接的に提案しています。そのことをShortening Patty's visit.（パティの滞在を短くすること）と言い換えた **2** が正解。
1、**3** については述べられていません。**4** は滞在時期に関するひっかけの選択肢。

(10) **解答** **3**

★I'm thinking we should replace the sofa soon. It's getting pretty worn out.
☆Do you want to check out that new furniture store down the road?
★Nah, I was thinking of just getting one online. That's usually much cheaper.
☆Really? I'd rather we try a sofa out before actually buying it.
★I suppose you're right. Our budget isn't very large, though, so we'll probably have to put off the purchase until the store offers some discounts.
☆Let's look around some other stores, too. They might have some good deals on.
☆Question: What will the couple probably do?

日本語訳 ★そろそろソファを取り替えるべきかと思っているんだ。かなりすり減ってきたし。
☆この道の先にある新しい家具屋さんを覗いてみたら？
★いや、オンラインで買おうと思っていたよ。たいていそのほうがずっと安いよ。

---

vocabulary

☐ **have a say**「発言権を持っている」

☐ **matter**「事柄」

☐ **extra**「余分な」

☐ **get the point**「（相手が言っていることを）理解する」

☐ **a couple of ～**「２、３の～」

☐ **responsibility**「責任」

☐ **shorten**「～を短くする」

☐ **decision**「決定」

☐ **postpone**「～を延期する」

☐ **replace**「～を取り替える」

☐ **pretty**「かなり」

☐ **worn out**「すり減った」

☐ **nah**「いや」

☐ **would rather ～**「むしろ～ならば良いのだが」

☐ **suppose**「～だと思う」

☐ **budget**「予算」

☐ **put off ～**「～を延期する、先延ばしする」

☐ **purchase**「購入」

☆本当に？　むしろ実際に買う前にソファを試せればいいんだけど。

★君が正しいと思うよ。だけど予算があまりないから、お店が割引を提示するまで購入はおそらく先延ばししないといけないよ。

☆他の店もいくつか見て回ろう。何か良いお買い得品を出しているかもしれないわ。

☆質問：夫婦はおそらく何をしますか。

選択肢と訳

1 Get a new sofa right away.

2 Buy a sofa online.

3 Look for a sofa on sale.

4 Repair their current sofa.

1 すぐに新しいソファを手に入れる。

2 オンラインでソファを買う。

3 セール中のソファを探す。

4 今使っているソファを修理する。

解説　男性が最初の発言でI'm thinking we should replace the sofa soon. (そろそろソファを取り替えるべきかと思っているんだ) と述べています。we (私たちは) と言っていることから、話し手の男女2人は一緒に暮らしていて、ソファの買い替えを検討していることがわかります。質問はWhat will the couple probably do? (夫婦はおそらく何をしますか)。女性は「新しい家具屋さんで探そう」と提案しますが、男性が却下されます。男性は逆に「オンラインで買おう」と提案しますが、女性のI'd rather we try a sofa out before actually buying it. (むしろ実際に買う前にソファを試せればいいんだけど) という発言から、これも却下されているとわかります。男性はその後、Our budget isn't very large, though, so we'll probably have to put off the purchase until the store offers some discounts. (だけど予算があまりないから、お店が割引を提示するまで購入はおそらく先延ばししないといけないよ) と述べています。続いて女性もLet's look around some other stores, too. They might have some good deals on. (他の店もいくつか見て回ろう。何か良いお買い得の値段を出しているかもしれないわ) と述べており、2人はセール中のソファを探すという意見で一致していることがわかります。したがって、discountsやgood dealsをon saleと言い換えた**3**が正解です。

1、**2**はそれぞれ却下された案です。**4**は述べられていません。

(11)　解答　**2**

▶放送された英文

★How are things, Felicity?

☆Great! I just got invited to audition for another movie.

★That's exciting. But what about college?

☆I'm thinking about dropping out. These days, I have so many auditions that I'm sure to get a part soon.

★I don't think that's a good idea.

☆You should understand. You lived for playing music when you were in high school.

★Yeah, but I eventually realized a college degree would give me a better chance to make a steady living.

☆That's true enough. But I just don't want to have regrets later.

☆Question: What does the man imply?

日本語訳　★フェリシティ、調子はどう？

☆最高よ！　別の映画のオーディションに招待されたばかりなの。

★それはわくわくするね。でも、大学はどうするの？

☆退学しようかと考えてるの。最近、たくさんのオーディションがあって、近いうちに役がきっともらえるの。

★それは良い考えとは思えないな。

☆わかっているはずよ。あなたは高校のとき、音楽を演奏するために生きていたじゃない。

★うん、でも最終的には、大学の学位があれば、安定した収入を得られる可能性がより高いということに気づいたんだ。

☆それも確かよね。でも、後悔したくないの。

☆質問：男性が示唆していることは何ですか。

vocabulary

☐ **discount**「割引」

☐ **deals**「お買い得品」

☐ **right away**「すぐに」

☐ **current**「現在の」

☐ **invite**「〜を招待する」

☐ **drop out**「退学する」

☐ **part**「役」

☐ **eventually**「最終的に」

☐ **a college degree**「大学の学位」

☐ **make a steady living**「安定した収入を得る」

☐ **regret**「後悔」

☐ **unrealistic**「非現実的な」

☐ **major**「専攻」

☐ **pursue**「〜を追い求める」

選択肢と訳 1 The woman should prepare more for the audition.
2 **The woman's career plan is unrealistic.**
3 He chose the wrong major in college.
4 He should have pursued a career in music.

1 その女性はオーディションのためにもっと準備すべきだ。
2 その女性のキャリアプランは非現実的だ。
3 彼は大学で間違った専攻を選んだ。
4 彼は音楽の道を追い求めるべきだった。

解説 男性と女性が進路について話しています。質問は What does the man imply?（男性が示唆していることは何ですか）で、解答の根拠は男性の3回目の発言 I don't think that's a good idea.（それは良い考えとは思えないな）です。代名詞 that が指すものは、直前の女性の発言 I'm thinking about dropping out.（退学しようかと考えている）。男性はさらに最後の発言で a college degree would give me a better chance to make a steady living.（大学の学位があれば、安定した収入を得られる可能性がより高い）と、反対している理由を具体的に述べます。このような男性の意見を The woman's career plan is unrealistic.（その女性のキャリアプランは非現実的だ）と言い換えた **2** が正解です。

1、3 は述べられていません。4 は男性の意見とは反対の内容なので誤り。

---

(12) **解答** 4

▶ 放送された英文
☆Excuse me, sir. Has anyone turned in a train pass today?
★I'm afraid not. Have you lost yours?
☆Yeah. When I used mine this morning, I was certain I put it back in my wallet, but I guess I didn't.
★I can give you the form to purchase another one.
☆Looks like I have no choice. It makes me so frustrated, though. I had just put $50 on it. Now, I've lost it all.
★I'm sorry. Here's the form. It should only take a couple of minutes to fill out.
☆Thanks. I'll do that now.
★Question: Why is the woman upset?

日本語訳 ☆すみません。今日、電車の定期券を届け出た人はいますか？
★残念ながらいません。あなたは自分の定期券をなくしたのですか？
☆ええ。今朝使ったとき、財布に戻したはずなのですが、戻してなかったのだと思います。
★もう1つ購入するための用紙をお渡しできます。
☆他の選択肢はなさそうですね。でもとてもイライラします。それに50ドル出したばかりなのに。今、私はそれをすべて失いました。
★お気の毒です。こちらが用紙です。記入に2、3分しかかからないはずです。
☆ありがとうございます。すぐにやります。
★質問：女性はなぜ腹を立てていますか。

選択肢と訳 1 Her wallet is missing.
2 Her train pass expired.
3 She missed her train.
4 **She wasted her money.**

1 彼女の財布が見当たらない。
2 彼女の電車の定期券の期限が切れた。
3 彼女は電車に乗り遅れた。
4 彼女はお金を無駄にした。

□ **turn in ～**「～（紛失物等）を届け出る」
□ **train pass**「電車の定期券」
□ **certain**「確信している」
□ **guess**「～と思う」
□ **form**「用紙」
□ **purchase**「～を購入する」
□ **frustrated**「イライラした」
□ **a couple of ～**「2、3の～」
□ **fill out ～**「～を記入する」
□ **upset**「腹を立てている」
□ **missing**「見当たらない」
□ **expire**「期限が切れる」
□ **waste**「～を無駄にする」

解説 電車の定期券をなくした女性と、駅員の男性の会話です。質問はWhy is the woman upset?（女性はなぜ腹を立てていますか）。男性の2回目の発言I can give you the form to purchase another one.（もう1つ購入するための用紙をお渡しできます）に対して、女性はLooks like I have no choice. It makes me so frustrated, though.（他の選択肢はなさそうですね。でもとてもイライラします）と述べています。女性はその後I had just put $50 on it. Now, I've lost it all.（それに50ドル出したばかりなのに。今、私はそれをすべて失いました）と述べているので、これが女性が腹を立てている理由だとわかります。ここでの1つ目のitは定期券を、2つ目のitは50ドルを指しています。したがって、お金を失ったという内容をwasted her moneyと言い換えた**4**が正解です。
1、**2**、**3**はどれも述べられていません。

(13) **解答** 2

▶放送された英文

☆Hi, Professor. Can I talk to you about my assignment?
★Sure. I was surprised when you didn't turn it in at the start of class. That's never happened before.
☆My brother was in an accident, and I was at the hospital with him.
★I'm sorry to hear that. Is he OK?
☆Yes, he's home now, but I didn't have time to get my assignment done.
★Well, I can let you turn it in tomorrow. How would that be?
☆Great. Thank you!
★Question: What will the woman probably do tomorrow?

日本語訳 ☆教授、課題のことで相談してもいいですか？
★もちろん。授業の最初にあなたがそれを提出しなかったときは驚きましたよ。それは以前はなかったことですね。
☆兄が事故に遭い、私は彼と一緒に病院にいました。
★それはお気の毒ですね。彼は大丈夫ですか？
☆はい、今は家に帰ってきましたが、課題を終わらせる時間がありませんでした。
★そうですね、では明日提出させてあげましょう。それでどうですか？
☆素晴らしいです。ありがとうございます！
★質問：女性は明日おそらく何をしますか。

選択肢と訳 1 Visit her brother in the hospital.
2 Submit her assignment.
3 Ask her brother for help.
4 Choose a new assignment topic.

1 入院中の兄を見舞う。
2 課題を提出する。
3 兄に助けを求める。
4 新しい課題のトピックを選ぶ。

解説 女性の最初の発言Hi, Professor. Can I talk to you about my assignment?（教授、課題のことで相談してもいいですか）から、女性が学生で男性が教授という関係性であることがわかります。女性は宿題を提出できなかった理由に関して、兄が事故に遭ったことを説明し、I didn't have time to get my assignment done.（課題を終わらせる時間がありませんでした）と続けます。質問はWhat will the woman probably do tomorrow?（女性は明日おそらく何をしますか。）で、解答の根拠は、教授のHow would that be?（それでどうですか）という提案に対して、女性がGreat.（素晴らしいです）と同意している点です。教授の発言のthatが指すのは、直前の文のI can let you turn it in tomorrow（明日それを提出させてあげましょう）です。このitは直前のassignmentを指すので、女性は明日課題を出すことがわかります。したがって、turn inをsubmitと言い換えた**2** Submit her assignment.（課題を提出する）が正解。兄はすでに帰宅しているので**1**は誤り。**3**、**4**については述べられていません。

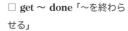 **vocabulary**

□ **assignment**「課題」
□ **turn 〜 in**「〜を提出する」
□ **get 〜 done**「〜を終わらせる」
□ **submit**「〜を提出する」

文の内容一致選択問題をおさえよう！

Point① 準1級の文の内容一致選択問題はどんな問題？

○パッセージを聞き、その内容に関する質問の答えとして適切な選択肢を選ぶ問題。

○問題数：12問

　　※1つのパッセージに対して問題が2問あります。

○放送回数：1回

○問題用紙には選択肢のみ記載されています。

Point② 準1級の文の内容一致選択問題の攻略方法とは？

Part 2 でも、気をつける点は原則 Part 1 と同じです。

　　① 話し手の立場・テーマの理解
　　② 代名詞に注意
　　③ 言い換えに注意

Part 2 ではこの中でも①がさらに大切になってきます。会話文では2人の間柄に注目しましたが、ここでは放送文のテーマに注目しましょう。放送文のテーマは冒頭で述べられることが多いので、聞き逃さないようにしましょう。テーマは多岐にわたりますが、なじみのない固有名詞が出てくる場合、その特徴などは設問で問われることが多いので、固有名詞の説明がなされているところは注意が必要です。

また、設問は放送文の前半から1問、後半から1問出題されますので、前半の内容、後半の内容ともにしっかり整理しましょう。細部までしっかり聞くことができるのが理想ですが、質問では概要が問われることも多いので、**少なくとも大まかな流れはきちんと理解しましょう**。特徴的な単語や表現をメモしながら聞いていくことも有効です。

では、例題を解きながら、解答のポイントを説明します。

【 例題 1 】

No. 1

1 They no longer use traditional fishing equipment.

2 They often have their spleens removed.

3 They have a physical advantage when under the water.

4 They practice holding their breath on land.

No. 2

1 Help Bajau people adapt to new lifestyles.

2 Study Bajau people in more detail.

3 Help protect the local environment.

4 Study divers from around the world.

（2021年度第1回 (23)(24)）

★ Bajau Divers

The Bajau people live on boats in the waters around Malaysia, Indonesia, and the Philippines, and spend most of their lives at sea. Some Bajau divers can fish beneath the ocean surface for up to 13 minutes without scuba equipment. Researchers found that Bajau people have larger-than-average spleens. The spleen is an organ that provides oxygen to the blood when the breath is held, so a larger spleen likely benefits the divers.

Bajau people with no diving experience also have larger spleens, so the researchers suspect the divers' abilities are partly genetic. In addition, DNA samples from Bajau people showed they commonly have genes that help more oxygen get to organs like the heart and lungs. The researchers want to learn more about how Bajau people have adapted to their environment. They hope that such knowledge will lead to better treatments for conditions such as heart disease.

☆ Questions
☆ No. 1 What did researchers discover about the Bajau people?
☆ No. 2 What is one thing the researchers want to do?

解説

タイトルでは Bajau Divers、放送文の冒頭では The Bajau people という固有名詞が出てきますので、どのような人々なのかの説明が続くはずです。この人々の特徴は、

- live on boats in the waters around Malaysia, Indonesia, and the Philippines
  （マレーシア、インドネシア、フィリピン周辺の海域で船の上で生活する）

- spend most of their lives at sea（人生の大半を海で過ごす）

- can fish beneath the ocean surface for up to 13 minutes without scuba equipment
  （スキューバの装備なしで最大13分間海面下で漁ができる）

と説明されており、The Bajau people は水上で暮らす、潜水が得意な人々であることがわかります。潜水能力が優れている理由として

Bajau people have larger-than-average spleens
（バジャウ族の人々は平均よりも大きな脾臓を持っている）

という研究者の発見についても述べられています。spleen（脾臓）という単語は知らなくても問題ありません。直後に an organ that provides oxygen to the blood when the breath is held（呼吸を止めているときに血液に酸素を供給する器官）と説明が付け加えられており、バジャウ族の人々は呼吸を止めているときに酸素を血中に取り込む能力が高いということがわかります。

質問 No. 1 は

What did researchers discover about the Bajau people?
（研究者はバジャウ族の人々について何を発見しましたか）

で、解答の根拠は第1段落の最終文 a larger spleen likely benefits the divers（より大きな脾臓はダイバーにとって有益だろう）です。それを have a physical advantage when under the water（水中で身体的な優位性がある）と言い換えた **3** が正解です。

また、放送文の中盤からは、genetic（遺伝的である）や DNA という語が使われているので、放送文の中盤〜終盤はバジャウ族の人々の高い潜水能力と遺伝の関係の話になると予想がつきます。
バジャウ族の人々の遺伝的な特徴に関しては

・Bajau people with no diving experience also have larger spleens
（潜水の経験がないバジャウ族の人々もより大きな脾臓を持っている）

・have genes that help more oxygen get to organs
（臓器により多くの酸素を送るのを助ける遺伝子を持つ）

とあり、それを受けてThe researchers want to learn more about how Bajau people have adapted to their environment. (研究者たちは、バジャウ族の人々がどのように自分たちの環境に適応してきたかをもっと知りたいと考えている) と述べられています。よって、質問No. 2 What is one thing the researchers want to do? (研究者が行いたい1つのことは何ですか) の答えは、**2**「バジャウ族の人々をより詳しく研究する」となります。放送文のwant to learn more about ～ (～についてもっと知りたい) が選択肢ではstudy ～ in more detail (～についてより詳しく研究する) に言い換えられています。

解答 No. 1 **3** No. 2 **2**

日本語訳

バジャウ・ダイバーズ

　バジャウ族の人々は、マレーシア、インドネシア、フィリピン周辺の海域で船の上で生活し、人生の大半を海で過ごします。一部のバジャウ・ダイバーは、スキューバの装備なしで最大13分間海面下で漁ができます。研究者は、バジャウ族の人々が平均よりも大きな脾臓を持っていることを発見しました。脾臓は呼吸を止めているときに血液に酸素を供給する器官であり、より大きな脾臓はダイバーにとって有益でしょう。

　潜水の経験がないバジャウ族の人々もより大きな脾臓を持っているため、研究者はダイバーの能力が部分的に遺伝的なものであると推測しています。さらに、バジャウ族の人々のDNAサンプルからは、彼らは一般的に心臓や肺などの臓器により多くの酸素を送るのを助ける遺伝子を持っていることがわかりました。研究者たちは、バジャウ族の人々がどのように自分たちの環境に適応してきたかをもっと知りたいと考えています。彼らはそのような知識が心臓病などの疾患のより良い治療につながることを望んでいます。

質問：
No. 1　研究者はバジャウ族の人々について何を発見しましたか。
No. 2　研究者が行いたい1つのことは何ですか。

（選択肢）
No. 1
1 もはや伝統的な漁具を使用しない。
2 しばしば脾臓を摘出する。
3 水中で身体的な優位性がある。
4 陸上で息を止める練習をする。

No. 2
1 バジャウ族の人々が新しい生活様式に適応できるよう支援する。
2 バジャウ族の人々をより詳しく研究する。
3 地元の環境を守るのを助ける。
4 世界中のダイバーを研究する。

【 例題 2 】

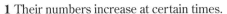

No. 3
1 Their numbers increase at certain times.
2 They are being hunted by humans.
3 Their habitats have become smaller recently.
4 They have been eating fewer snowshoe hares.

No. 4
1 They only travel when looking for food.
2 They sometimes travel long distances.
3 They live much longer than other wildcats.
4 They always return to their original territories.

(2021年度第3回 (17)(18))

▶ 放送された英文

☆The Canada Lynx

The Canada lynx is a type of wildcat found mainly in Canada and the northern United States. The animals are skilled at avoiding humans, so they are rarely seen in the wild. However, lynx sightings increase roughly every 10 years. This is because the population of animals called snowshoe hares rises and falls in a roughly 10-year cycle. Lynx hunt snowshoe hares, and when there are more hares to hunt, the lynx population tends to grow.

It was long believed that Canada lynx live their whole lives in one particular area. However, scientists have discovered that lynx can journey thousands of kilometers to establish new territories. Some scientists think it is likely that these animals are following hares. However, lynx have also been observed making long journeys at other times, so there may be another reason why they travel.

★Questions
★No. 3 What does the speaker say about Canada lynx?
★No. 4 What did scientists discover about Canada lynx?

解説

放送文の冒頭でThe Canada lynx(カナダオオヤマネコ)という表現が出てきますが、直後でwildcat(ヤマネコ)の一種であることが説明されています。
前半では、カナダオオヤマネコの生態が述べられています。特徴的な表現をまとめてみましょう。

> skilled at avoiding humans
> rarely seen in the wild
> lynx sightings increase roughly every 10 years
> hunt snowshoe hares
> when there are more hares to hunt, the lynx population tends to grow

この程度の情報をメモに残せると良いと思います。メモは英語にこだわる必要はなく、

「人避ける、野生ではレア、10年ごとに目撃↑、うさぎを狩る、うさぎの数に比例」

など、日本語や記号で書いても良いです。**簡単なメモをとりながら放送文を聞くと内容にもより集中できるの**

101

で、おすすめです。このメモがあれば、質問No. 3のWhat does the speaker say about Canada lynx?（話し手はカナダオオヤマネコについて何を言っていますか）の答えは、**1** Their numbers increase at certain times.（特定の時期に数が増える）とわかります。

この問題はメモを使った消去法も有効で、**2** のhunted by humans（人間に狩られている）、**3** のTheir habitats have become smaller（生息地が最近狭くなった）は述べられておらず、**4** のeating fewer snowshoe hares（カンジキウサギを食べる量が減った）はメモに矛盾するので、誤りです。

第2段落では、It was long believed that Canada lynx live their whole lives in one particular area.（長い間、カナダオオヤマネコはある特定の地域で一生を終えると信じられてきた）と一般論が述べられた後にHowever, ～と展開するので、以降はカナダオオヤマネコがどこかのタイミングで他の場所へと移動することが述べられると推測できます。科学者が発見したこととして、

> lynx can journey thousands of kilometers to establish new territories.
> （オオヤマネコは新しい縄張りを作るために何千キロも旅をする）

と述べられています。

質問No. 4はWhat did scientists discover about Canada lynx?（科学者はカナダオオヤマネコについて何を発見しましたか）ですが、放送文のjourney thousands of kilometersがtravel long distances（長い距離を移動する）と言い換えられている **2** が正解となります。

リスニングのPart 1と同様に、**言い換えはしっかりと見抜けるように練習しましょう。**

解答 No. 3 **1**　No. 4 **2**

日本語訳

カナダオオヤマネコ

　カナダオオヤマネコは、主にカナダとアメリカ北部で見られるヤマネコの一種です。その動物は人間を避けることに長けているため、野生で目撃されることはほとんどありません。しかし、オオヤマネコの目撃例はおよそ10年ごとに増えます。これはカンジキウサギと呼ばれる動物の個体数が、およそ10年周期で増減しているためです。オオヤマネコはカンジキウサギを狩るため、狩りの対象となるウサギが増えると、オオヤマネコの個体数も増える傾向にあります。

　長い間、カナダオオヤマネコはある特定の地域で一生を終えると信じられてきました。しかし科学者たちは、オオヤマネコが新しい縄張りを作るために何千キロも旅をすることがあると発見しました。一部の科学者は、これらの動物はウサギを追っている可能性が高いと考えています。しかし、オオヤマネコは他の時期にも長旅をしていることが観察されているので、彼らが旅をするのには別の理由があるのかもしれません。

質問：
No. 3　話し手はカナダオオヤマネコについて何を言っていますか。
No. 4　科学者はカナダオオヤマネコについて何を発見しましたか。

（選択肢）

No. 3

1 特定の時期に数が増える。

2 人間に狩られている。

3 生息地が最近狭くなった。

4 カンジキウサギを食べる量が減った。

No. 4

1 食料を探すときだけ移動する。

2 時々長い距離を移動する。

3 他のヤマネコよりずっと長生きする。

4 常に元の縄張りに戻る。

Theme
1
Theme
2
Theme
3
Theme
4
Theme
5
6
7
Theme
8
Theme
9
Theme
10
Theme
11
Theme
12

このPartでも、以下のことに気をつけましょう。

　①話し手の立場・テーマの理解

　②代名詞に注意

　③言い換えに注意

これらをふまえてトレーニング問題に取り組みましょう。

Theme 8 トレーニング問題

ここから10問の文の内容一致選択問題にチャレンジしましょう。音声を聞き、聞こえた質問の答えとして適切なものを選択肢から選びましょう。

■ (1) No. 1

1 Water levels have decreased in many of them.
2 Laws to protect them need to be stricter.
3 Countries sharing them usually have the same usage rights.
4 They often make it difficult to protect borders.

No. 2

1 To suggest a solution to a border problem.
2 To suggest that poor nations need rivers for electricity.
3 To show that dams are often too costly.
4 To show how river usage rights can be complicated.　　（2022年度第1回(13)(14)）

■ (2) No. 3

1 They often have successful family members.
2 They often have low levels of stress.
3 They may miss chances to enjoy simple pleasures.
4 They may make people around them happy.

No. 4

1 They do not need family support to stay happy.
2 Their incomes are not likely to be high.
3 Their positive moods make them more active.
4 They are more intelligent than unhappy people.　　（2021年度第3回(21)(22)）

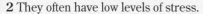

■ (3) No. 5

1 To raise money to help hungry people.
2 To share his concerns about the government.
3 To encourage citizens to work harder.
4 To address public worries about the economy.

No. 6

1 Roosevelt used casual language.
2 Roosevelt interviewed famous people.
3 Roosevelt performed patriotic music.
4 Roosevelt visited people's homes.　　（2021年度第1回(21)(22)）

Theme 1
Theme 2
Theme 3
Theme 4
Theme 5
Theme 6
Theme 7
Theme 8
Theme 9
Theme 10
Theme 11
Theme 12

■ (4)

No. 7

1 It could be used as a poison.

2 It was tested on snakes.

3 It was difficult to make.

4 It was the first medical drug.

Track 37

No. 8

1 It took many days to make.

2 Only small amounts could be made daily.

3 Production was very loosely regulated.

4 People there could watch it being made. (2022年度第 1 回 (15) (16))

■ (5)

No. 9

1 It causes more problems for wealthy families.

2 It has been occurring less frequently.

3 It may especially affect teenagers.

4 It has a significant impact on adults' health.

Track 38

No. 10

1 Moving increases the rate of divorce.

2 Moving helps solve problems at school.

3 Moving can damage parent-child relationships.

4 Moving can lead to behavior problems. (2021年度第 2 回 (23) (24))

■ (6)

No. 11

1 When each of the crops is planted is important.

2 They only grow in a small region of North America.

3 They have difficulty competing with weeds.

4 There needs to be space between the plants.

Track 39

No. 12

1 Use more-modern growing techniques.

2 Find new plants that can be grown in the desert.

3 Teach others how to grow the Three Sisters.

4 Recover forgotten growing methods. (2023年度第 1 回 (13) (14))

■ (7)

No. 13

1 Young people's changing interests.

2 Young people's increasing need for exercise.

3 Young people's economic situation.

4 Young people's passion for nature.

Track 40

No. 14

1 They are unlikely to survive long.

2 They do not do well outside of cities.

3 They rarely employ local people.

4 They take up too much space. (2022年度第 2 回 (21) (22))

■ (8)

No. 15
1 They make more sounds than dolphins.
2 The sounds they make have meaning.
3 Their sounds are not very complex.
4 Their communication system has changed.

No. 16
1 They recorded the sounds that sleeping bats made.
2 They matched bat sounds to those of other animals.
3 They monitored bats in their natural environment.
4 They used a computer program to categorize bat sounds.　　(2021年度第 2 回 (17)(18))

■ (9)

No. 17
1 They combine with grease to block sewer tunnels.
2 They endanger people working in sewer tunnels.
3 They block household pipes when flushed.
4 They cannot be recycled cheaply.

No. 18
1 They were not created using laboratory tests.
2 They are not based on actual sewer-tunnel conditions.
3 The damage to sewer tunnels was not addressed.
4 The blockage issue cannot be solved with guidelines.　　(2021年度第 1 回 (17)(18))

■ (10)

No. 19
1 It has little effect on people's productivity.
2 It helps students perform better on tests.
3 It might make certain tasks more difficult to do.
4 It improves people's mental health.

No. 20
1 It can be effective during breaks.
2 It can actually make work less enjoyable.
3 It improves communication between workers.
4 It only has a small effect on concentration.　　(2021年度第 2 回 (15)(16))

(1) **解答** No. 1 **3** No. 2 **4**

放送された英文

☆International Rivers

Many of the world's rivers are not contained within the borders of a single country. Because of the importance of water, international laws about how neighboring countries share these rivers are essential. Typically, all countries have equal rights to use a river that flows through their lands. Also, all countries are legally forbidden from doing anything to a river that would considerably decrease its flow of water into other countries.

However, sharing a river is not always simple. For example, the Nile River runs through a number of countries, including Ethiopia and Egypt. Ethiopia has requested international loans to build a dam on its section of the river to generate electricity. However, Egypt has used its political influence to block the loans, complaining that a dam would reduce the Nile's water flow into Egypt. At the same time, Ethiopia points out that Egypt currently uses the river for power generation, so it is unfair if Ethiopia cannot.

★Questions

★No. 1 What is one thing the speaker says about rivers?

★No. 2 Why is the Nile River discussed?

日本語訳

国際河川

　世界の多くの河川は、1つの国の国境内におさまっていません。水の重要性により、隣接する国々がこれらの河川を共有する方法に関する国際法が不可欠です。通常すべての国は、自国を流れる河川を利用する平等な権利を有しています。また、すべての国は、他国への水の流れを著しく減少させるどんなことも、河川に対してすることが法的に禁止されています。

　しかし、河川を共有することは必ずしも単純ではありません。例えば、ナイル川はエチオピアやエジプトを含む多くの国を流れています。エチオピアは、発電するためのダムを自国の河川区間に建設するために、国際融資を要請しました。しかし、エジプトは融資を阻止するために、政治的な影響力を行使し、ダム建設がナイル川のエジプトへの水流を減らすと主張しています。一方、エチオピアはエジプトが現在その河川を発電に使用していることを指摘し、したがってエチオピアがそうできないのは不公平だと主張しています。

質問

No. 1　話し手が河川について言っている1つのことは何ですか。

No. 2　なぜナイル川が議論されているのですか。

選択肢と訳　No. 1

1 Water levels have decreased in many of them.

2 Laws to protect them need to be stricter.

3 Countries sharing them usually have the same usage rights.

4 They often make it difficult to protect borders.

1 多くの河川で水位が低下している。

2 河川を保護するための法律をもっと厳しくする必要がある。

3 河川を共有する国々は通常、同じ使用権を持っている。

4 河川により国境を守ることが難しくなることが多い。

No. 2

1 To suggest a solution to a border problem.

2 To suggest that poor nations need rivers for electricity.

3 To show that dams are often too costly.

4 To show how river usage rights can be complicated.

1 国境問題の解決策を提案するため。

2 貧しい国々には電力のために河川が必要であることを示すため。

3 ダムはしばしばコストがかかりすぎることを示すため。

4 河川利用権がいかに複雑になりうるかを示すため。

解説　複数の国にまたがる河川、international rivers について説明した放送文です。

No. 1

質問は What is one thing the speaker says about rivers? (話し手が河川について言っている1つのことは何ですか)。河川に関しては1文目で、Many of the world's rivers are not contained within the borders of a single country. （世界の多くの河川が１つの国の国境内におさまっていない）、そして２文目で、Because of the importance of water, international laws ～ are essential. （水の重要性により国際法が不可欠である）、と述べられています。３文目以降はその法律の内容を説明しており、ポイントは以下の通りです。

①Typically, all countries have equal rights to use a river that flows through their lands. （通常すべての国は、自国を流れる河川を利用する平等な権利を有する）

②all countries are legally forbidden from doing anything to a river that would considerably decrease its flow of water into other countries （すべての国は、他国への水の流れを著しく減少させるどんなことも、河川に対してすることが法的に禁止されている）

この①が解答根拠になり、正解は **3** Countries sharing them usually have the same usage rights. （河川を共有する国々は通常、同じ使用権を持っている）だとわかります。選択肢の usually は放送文の Typically を、the same usage rights は equal rights をそれぞれ言い換えたものです。**1** は、水位が減っているわけではないので誤り。**2** は、法律が essential （重要だ）とは述べられていますが、need to be stricter （より厳しくなる必要がある）とは述べられていません。**4** は放送文の borders （国境）や neighboring countries （隣国）という語句を使ったひっかけ。

No. 2
質問は Why is the Nile River discussed? （なぜナイル川が議論されているのですか）。ナイル川に言及のある第２段落２文目の the Nile River runs through a number of countries, including Ethiopia and Egypt （ナイル川はエチオピアやエジプトを含む多くの国を流れている）以降を聞き取ることが重要です。その内容は、以下の通りです。

・Ethiopia has requested international loans to build a dam on its section of the river to generate electricity. （エチオピアは、発電するためのダムを自国の河川区間に建設するために、国際融資を要請した）

・However, Egypt has used its political influence to block the loans, complaining that a dam would reduce the Nile's water flow into Egypt. （しかしエジプトは融資を阻止するために、政治的な影響力を行使し、ダム建設がナイル川のエジプトへの水流を減らすと主張している）

・Ethiopia points out that Egypt currently uses the river for power generation, so it is unfair if Ethiopia cannot （エチオピアはエジプトが現在その河川を発電に使用していることを指摘し、したがってエチオピアがそうできないのは不公平だと主張している）

第２段落は However, sharing a river is not always simple. （しかし、河川を共有することは必ずしも単純ではない）で始まります。その後上記のようにナイル川をめぐるエチオピアとエジプトの関係性を具体例として引き合いに出しています。すなわちナイル川について言及したのは河川を使う権利の複雑さを示すためであるので、正解は **4**。**1**、**2**、**3** はどれも放送文の語句を用いたひっかけの選択肢。

(2) **解答** No. 3 **3**　　No. 4 **3**

▶放送された英文

☆Happiness and Success

Many people believe that only by working hard and having a successful career can they find happiness. However, trying to make a lot of money or get promoted at work may not make people truly happy. People who focus on such success often prioritize work over other activities. Consequently, they may lose opportunities to enjoy the things that make life truly enjoyable, such as simple, relaxing times with their families.

After reviewing many studies, researchers recently concluded that success may actually follow happiness. They believe that happy people are more energetic and confident because they experience frequent positive moods, and that this leads to success. Of course, success also depends on factors such as intelligence and social support. More research is needed, but it may be that those whose happiness leads them to success are more likely to stay happy.

□ successful「成功した」

□ career「経歴」

□ get promoted「昇進する」

□ prioritize *A* over *B*「AをBよりも優先する」

□ consequently「その結果」

□ review「～を検討する、見直す」

★Questions
★No. 3 What does the speaker say about people who focus on success?
★No. 4 What did researchers recently conclude about happy people?

vocabulary

□ **conclude**「～と結論づける」

□ **frequent**「頻繁な」

□ **mood**「気分」

□ **factor**「要因」

日本語訳

幸福と成功

　多くの人は、懸命に働き、輝かしい経歴を持つことによってのみ幸せを見出せると考えています。しかし、大金を稼ごうとしたり、仕事で昇進しようとしたりすることは、人を本当には幸せにしないかもしれません。そのような成功に集中する人は、他の活動よりも仕事を優先することが多いです。その結果、家族との単純でリラックスした時間のような、人生を本当に楽しいものにしてくれるものを楽しむ機会を失ってしまうかもしれません。

　多くの研究を検討した後、研究者たちは最近、成功は実は幸せの後に続くのかもしれないと結論づけました。幸せな人は、ポジティブな気分を頻繁に経験するため、より快活で自信があり、これが成功につながると、研究者たちは考えています。もちろん、成功は知性や社会的支援といった要素にも左右されます。さらなる研究が必要ですが、幸せが成功につながる人は、幸せであり続ける可能性がより高いのかもしれません。

質問
No. 3　成功に集中する人について、話し手は何を言っていますか。
No. 4　幸せな人について、研究者たちは最近何を結論づけましたか。

選択肢と訳　No. 3

1 They often have successful family members.
2 They often have low levels of stress.
3 They may miss chances to enjoy simple pleasures.
4 They may make people around them happy.

1 家族に成功者がいることが多い。
2 ストレスレベルが低いことが多い。
3 単純な楽しみを味わう機会を逃すかもしれない。
4 周りの人を幸せにするかもしれない。

No. 4

1 They do not need family support to stay happy.
2 Their incomes are not likely to be high.
3 Their positive moods make them more active.
4 They are more intelligent than unhappy people.

1 幸せでいるために家族の支援は必要ない。
2 彼らの収入は高くないだろう。
3 ポジティブな気分が彼らをより活動的にする。
4 不幸な人よりも知的である。

解説　仕事での成功と幸福感に関する放送文です。

No. 3

質問はWhat does the speaker say about people who focus on success?（成功に集中する人について、話し手は何を言っていますか）。第1段落3文目にPeople who focus on such success often prioritize work over other activities.（そのような成功に集中する人は、他の活動よりも仕事を優先することが多い）とあります。続く4文目ではConsequently, they may lose opportunities to enjoy the things that make life truly enjoyable, such as simple, relaxing times with their families.（その結果、家族との単純でリラックスした時間のような、人生を本当に楽しいものにしてくれるものを楽しむ機会を失ってしまうかもしれない）と述べられています。lose opportunitiesをmiss chancesと言い換えた**3**が正解です。
他の選択肢に関しては述べられていません。

No. 4

質問はWhat did researchers recently conclude about happy people?（幸せな人について、研究者たちは最近何を結論づけましたか）。第2段落冒頭にresearchers recently concluded（研究者たちは最近、結論づけた）とあるので、これ以降の内容をおさえます。結論は、success may actually follow happiness（成功は実は幸せの後に続くのかもしれない）ですが、この後に具体的に説明されます。

①happy people are more energetic and confident because they experience frequent positive moods, and that this leads to success
(幸せな人は、ポジティブな気分を頻繁に経験するため、より快活で自信があり、これが成功につながる)

②it may be that those whose happiness leads them to success are more likely to stay happy
(幸せが成功につながる人は、幸せであり続ける可能性がより高いのかもしれない)

この中の①が解答の根拠となり、more energeticをmore activeと言い換えた**3**が正解だとわかります。

1、**2**は述べられていません。**4**については、第2段落3文目にOf course, success also depends on factors such as intelligence and social support. (もちろん、成功は知性や社会的支援といった要素にも左右される) とありますが、知性は成功の要因として言及されているのであって、幸せの要因として言及されているわけではありません。よって**4**は誤り。

(3) **解答** No. 5 **4**　No. 6 **1**

▶放送された英文

When Franklin D. Roosevelt became president of the United States in 1933, the country was suffering from an economic crisis. A quarter of the population was unemployed, people were hungry, and trust in the government was rapidly declining. Roosevelt decided to use a radio broadcast to help calm the growing feeling of panic. He wanted to talk directly to the American people and tell them that the government was addressing their concerns.

The speech was an immediate success. Roosevelt made similar broadcasts, known as fireside chats, throughout his presidency. The talks often mentioned respected figures like Abraham Lincoln and ended with the national anthem. However, it was Roosevelt's conversational, informal style that set his fireside chats apart from usual political speeches. People felt as if the president was in their homes, giving them updates on everything from World War II to farming.

★Questions

★No. 5 Why did Franklin D. Roosevelt decide to make radio broadcasts?

★No. 6 How were the fireside chats different from regular political speeches?

日本語訳

炉辺談話

フランクリン・D・ルーズベルトが1933年にアメリカ合衆国の大統領に就任したとき、国は経済危機に苦しんでいました。人口の4分の1が失業しており、人々は飢えており、政府への信頼は急速に低下していました。ルーズベルトは広がるパニックの感情を鎮める手助けをするためにラジオ放送を利用することにしました。彼はアメリカ人に直接話しかけ、政府が彼らの懸念に取り組んでいることを伝えたかったのです。

そのスピーチは即座に成功を収めました。ルーズベルトはその後も「炉辺談話」として知られる同様の放送を大統領任期中に行いました。これらの話では、エイブラハム・リンカーンなどの尊敬される人物がしばしば言及され、国歌で締めくくられました。しかし、ルーズベルトの炉辺談話が通常の政治演説とは一線を画していたのは、彼の会話調のくだけた話し方でした。人々は大統領が自分たちの家にいるかのように感じ、第二次世界大戦から農業に至るまであらゆる最新の情報を提供してくれると感じたのです。

質問

No. 5　フランクリン・D・ルーズベルトはなぜラジオ放送を行うことにしたのですか。

No. 6　炉辺談話は通常の政治演説とどのように異なりましたか。

選択肢と訳　No. 5

1 To raise money to help hungry people.
2 To share his concerns about the government.
3 To encourage citizens to work harder.
4 To address public worries about the economy.

1 飢餓に苦しむ人々を救うために資金を集めるため。
2 政府に対する自分の懸念を共有するため。

vocabulary

□ **suffer from ～**「～に苦しむ」

□ **crisis**「危機」

□ **quarter**「4分の1」

□ **unemployed**「雇用されていない」

□ **rapidly**「急速に」

□ **decline**「低下する」

□ **calm**「～を落ち着かせる」

□ **address**「～に対処する」

□ **immediate**「即座の」

□ **presidency**「大統領の任期」

□ **figure**「人物」

□ **national anthem**「国歌」

□ **conversational**「会話調の」

□ **set A apart from B**「AをBと区別する」

3 市民により一生懸命働くことを奨励するため。

4 経済に対する国民の不安に対処するため。

No. 6

1 Roosevelt used casual language.

2 Roosevelt interviewed famous people.

3 Roosevelt performed patriotic music.

4 Roosevelt visited people's homes.

1 ルーズベルトはカジュアルな言葉を使った。

2 ルーズベルトは有名人にインタビューした。

3 ルーズベルトは愛国的な音楽を演奏した。

4 ルーズベルトは人々の家を訪問した。

解説 在任中のルーズベルト大統領の取り組みに関する放送文です。

No. 5

質問はWhy did Franklin D. Roosevelt decide to make radio broadcasts?（フランクリン・D・ルーズベルトはなぜラジオ放送を行うことにしたのですか）。第1段落1、2文目で

・the country was suffering from an economic crisis（国は経済危機に苦しんでいた）

・A quarter of the population was unemployed, people were hungry, and trust in the government was rapidly declining.（人口の4分の1が失業しており、人々は飢えており、政府への信頼は急速に低下していた）

とアメリカの経済危機について述べられています。解答根拠は続く3文目のRoosevelt decided to use a radio broadcast to help calm the growing feeling of panic.（ルーズベルトは広がるパニックの感情を鎮める手助けをするためにラジオ放送を利用することにした）で、help calm the growing feeling of panicをaddress public worries about the economy（経済に対する国民の不安に対処する）と言い換えた**4**が正解です。**1**はpeople were hungryから連想されるひっかけ。**2**はconcernやgovernmentといった放送文に使われている語を用いたひっかけ。**3**は述べられていません。

No. 6

質問はHow were the fireside chats different from regular political speeches?（炉辺談話は通常の政治演説とどのように異なりましたか）。ルーズベルト大統領のfireside chatsという取り組みの特徴をおさえることがポイントです。fireside chatsとは、第1段落の後半で説明されているラジオ放送が成功した後にルーズベルトが行ったsimilar broadcasts（（最初のラジオ放送に）似たような放送）です。その特徴については第2段落4文目で

・it was Roosevelt's conversational, informal style that set his fireside chats apart from usual political speeches.（ルーズベルトの炉辺談話が通常の政治演説と一線を画していたのは、彼の会話調のくだけた話し方だった）

と述べられています。

Roosevelt's conversational, informal styleをcasual languageに言い換えた**1**が正解です。ここでは質問の、different from regular political speeches（通常の政治演説とは異なる）は放送文のset apart from usual political speeches（通常の政治演説と一線を画す）の言い換えであることに気づくことができると正解を導きやすくなります。

2はmentioned respected figures like Abraham Lincolnから連想されるひっかけ。**3**は、patriotic music（＝本文のthe national anthem）をルーズベルトが演奏したわけではないので誤りです。**4**は第2段落最終文のPeople felt as if the president was in their homes（人々は大統領が自分たちの家にいるかのように感じた）という内容から連想されるひっかけ。

---

(4) **解答** No. 7 **3** No. 8 **4**

放送された英文

★Theriac

For thousands of years, people believed that a substance known as theriac was a wonder drug. According to legend, it was created by an ancient king who lived in fear of being poisoned. He was said to have taken theriac daily to protect himself from all

☐ **substance**「物質」

☐ **poison**「～を毒殺する」

☐ **effective**「有効な」

forms of poison. The use of theriac gradually spread around the ancient world, and people began to believe that it was also effective against all kinds of illnesses. Making it, however, required time and effort, as some theriac recipes contained over a hundred ingredients, some of which came from poisonous snakes.

By the fifteenth century, there were regulations in many places about how theriac could be manufactured, and in some cities, such as Venice, it had to be made in a public ceremony. Though the scientific community now believes that theriac is ineffective, the regulations on the manufacture of theriac marked an important milestone in the development of modern medicine.

☆Questions
☆No. 7 What is one thing that we learn about theriac?
☆No. 8 What is one thing the speaker says about theriac in Venice?

日本語訳

テリアカ

何千年もの間、人々はテリアカとして知られる物質が特効薬だと信じていました。伝説によると、それは毒殺されることを恐れて生きていた古代の王によって作られました。彼はあらゆる形の毒から身を守るため、毎日テリアカを服用したと言われています。テリアカの使用は次第に古代世界に広まり、人々はテリアカがあらゆる種類の病気にも有効であると考え始めました。しかし、テリアカのレシピには100以上の材料が含まれているものもあり、中には毒蛇から採った材料もあったため、それを作るには時間と労力が必要でした。

15世紀までには、テリアカの製造方法について多くの場所で規制が設けられ、ヴェネツィアなどいくつかの都市では、公的な儀式で作らなければなりませんでした。現在、科学界ではテリアカは効果がないと考えられていますが、テリアカの製造に関する規制は、近代医学の発展における画期的な出来事となりました。

質問
No. 7　テリアカについてわかる1つのことは何ですか。
No. 8　ヴェネツィアでのテリアカについて話し手が言っている1つのことは何ですか。

選択肢と訳　No. 7

1 It could be used as a poison.
2 It was tested on snakes.
3 It was difficult to make.
4 It was the first medical drug.

1 毒として使われることができた。
2 ヘビで実験された。
3 作るのが難しかった。
4 最初の医薬品だった。

No. 8

1 It took many days to make.
2 Only small amounts could be made daily.
3 Production was very loosely regulated.
4 People there could watch it being made.

1 作るのに何日もかかった。
2 毎日少量しか作れなかった。
3 生産の規制は非常に緩かった。
4 そこにいた人々は、それが作られるのを見ることができた。

解説　テリアカという薬が広まった経緯とその影響について説明した放送文です。

No. 7
質問はWhat is one thing that we learn about theriac?（テリアカについてわかる1つのことは何ですか）。このような一般的でない事物を紹介する放送文では、冒頭に概要が説明されることが多いので、第1段落の情報をしっかり聞き取ることが大切です。
第1段落でテリアカに関してわかるのは、

　①According to legend, it (= theriac) was created by an ancient king who lived in fear of being poisoned.

（伝説によると、それは毒殺されることを恐れて生きていた古代の王によって作られた）

②The use of theriac gradually spread around the ancient world
（テリアカの使用は次第に古代世界に広まった）

③people began to believe that it was also effective against all kinds of illnesses
（人々はテリアカがあらゆる種類の病気にも有効であると考え始めた）

④Making it (= theriac) required time and effort
（それを作るには時間と労力が必要だった）

⑤some theriac recipes contained over a hundred ingredients, some of which came from poisonous snakes
（テリアカのレシピには100以上の材料が含まれているものもあり、中には毒蛇から採った材料もあった）

の5点です。④の内容から、正解は **3** です。

1、**2** はpoisonous snakesから連想されるひっかけの選択肢です。**4** に関しては述べられていません。

No. 8

質問はWhat is one thing the speaker says about theriac in Venice? （ヴェネツィアでのテリアカについて話し手が言っている1つのことは何ですか）。第2段落1文目で、there were regulations in many places about how theriac could be manufactured（テリアカの製造方法について多くの場所で規制が設けられた）とあり、直後で、ヴェネツィアなどの場所ではit had to be made in a public ceremony（公的な儀式で作らなければならなかった）と述べられています。公的な儀式ということは、テリアカを作る様子は人々に公開されているということなので、この内容を表している **4** が正解です。この問題のように、正解の選択肢と同じ内容が直接的に述べられていない問題では、述べられた内容をもとに推測することによって解答する必要があります。

1、**2** は述べられていません。**3** については、第2段落で述べられた規制についての説明と矛盾します。

---

(5) **解答** No. 9 **3**　No. 10 **4**

▶放送された英文

☆Moving during Childhood

　　Moving to a new home can be difficult for children. Researchers are learning more about the problems it causes and which children are most at risk. Studies in the UK have shown that children forced to move more than once in a single year are especially affected. The impact of moving is the same whether children come from wealthy or poor backgrounds. However, some of the studies have also shown that teenagers may experience the most serious negative effects of moving.

　　The findings of a study using data from Denmark showed that moving more than once can increase a child's risk of criminal activity later in life. Moving to a new area and having to form social relationships at a new school can be difficult and stressful for children. More research is needed to determine how to prevent these negative effects.

★Questions
★No. 9　What have some studies in the UK shown about moving?
★No. 10 What was learned from the data from Denmark?

日本語訳　　　　　　　　　子ども時代の引っ越し

　　新しい家への引っ越しは子どもたちにとって難しいことがあります。研究者は、引っ越しによって引き起こされる問題と、どの子どもたちが最も高いリスクにさらされているかについてより多くの知見を得ています。イギリスの研究では、1年に2回以上引っ越しを強いられた子どもたちが特に影響を受けることが示されています。引っ越しの影響は、子どもたちの出身が裕福であるか貧しいかにかかわらず同じです。ただし、一部の研究では、10代の若者が引っ越しの最も深刻な負の影響を経験する場合があるとも示されています。

　　デンマークのデータを用いた研究の結果では、2回以上の引っ越しは子どもの将来の犯罪行為のリスクを高めることがあると示されました。新しい地域に引っ越し、新しい学校で社会的な関係を築かなければならないことは、子どもにとって困難でストレスがかかることがあります。これらの

vocabulary

□ **moving**「引っ越し」

□ **wealthy**「裕福な」

□ **criminal activity**「犯罪行為」

□ **determine**「〜を決定する」

□ **prevent**「〜を防ぐ」

113

負の影響を防ぐ方法を特定するために、さらなる研究が必要です。
質問
No. 9　イギリスの一部の研究は、引っ越しについて何を示しましたか。
No. 10　デンマークのデータからは何がわかりましたか。

選択肢と訳　No. 9

1 It causes more problems for wealthy families.
2 It has been occurring less frequently.
3 It may especially affect teenagers.
4 It has a significant impact on adults' health.

1 裕福な家庭により多くの問題を引き起こす。
2 頻度が減ってきている。
3 特に10代の若者に影響を与えるかもしれない。
4 大人の健康に大きな影響を与える。

No. 10

1 Moving increases the rate of divorce.
2 Moving helps solve problems at school.
3 Moving can damage parent-child relationships.
4 Moving can lead to behavior problems.

1 引っ越しは離婚率を高める。
2 引っ越しは学校での問題解決に役立つ。
3 引っ越しは親子関係に害を与えることがある。
4 引っ越しは問題行動につながることがある。

解説　引っ越しが子どもに与える影響に関する放送文です。

No. 9
質問はWhat have some studies in the UK shown about moving?（イギリスの一部の研究は、引っ越しについて何を示しましたか）。第1段落の3文目 Studies in the UK have shown that以降に読み上げられる情報をしっかり聞き取りましょう。
引っ越しに関しては

① children forced to move more than once in a single year are especially affected（1年に2回以上引っ越しを強いられた子どもたちが特に影響を受ける）
② The impact of moving is the same whether children come from wealthy or poor backgrounds.（引っ越しの影響は、子どもたちの出身が裕福であるか貧しいかにかかわらず同じ）
③ teenagers may experience the most serious negative effects of moving（10代の若者が引っ越しの最も深刻な負の影響を経験する場合がある）

と説明されています。解答は③の内容を、especially affect teenagers（特に10代の若者に影響を与える）と言い換えた**3**が正解。
引っ越しは裕福な家庭の子どもたちにも貧しい家庭の子どもたちにも影響を与えるので、**1**は誤り。**2**、**4**に関しては述べられていません。

No. 10
質問はWhat was learned from the data from Denmark?（デンマークのデータからは何がわかりましたか）。2段落目のThe findings of a study using data from Denmark showed that以下を聞き取ることがポイントです。研究の結果は、次の2つです。

① moving more than once can increase a child's risk of criminal activity later in life（2回以上の引っ越しは子どもの将来の犯罪行為のリスクを高めることがある）
② Moving to a new area and having to form social relationships at a new school can be difficult and stressful for children.（新しい地域に引っ越し、新しい学校で社会的な関係を築かなければならないことは、子どもにとって困難でストレスがかかることがある）

解答の根拠は①で、increase a child's risk of criminal activity later in lifeが lead to behavior problemsと短くまとめられている**4**が正解。

1 は述べられていません。**2** については、引っ越しは子どもたちに悪影響を与えると一貫して述べられていることが把握できていれば、不正解とわかります。**3** については、放送文に having to form social relationships at a new school can be difficult という説明はありますが、子どもと親の関係については述べられていないので不正解です。

---

(6) 【解 答】 No. 11 **1**   No. 12 **4**

⊙ 放送された英文

★The Three Sisters

For centuries, Native Americans all over North America grew corn, beans, and squash, which were often called the Three Sisters. The Three Sisters were planted together because of the strong benefits that the combination brings. When beans are grown with corn, the corn provides support for the beans as they climb up to get more sunlight. Additionally, squash keeps weeds away, and beans increase the amount of the beneficial chemical nitrogen in the soil. To make the combination work, however, planting each crop at the time when it will most help the others is essential.

In the distant past, Native American farmers were even able to grow the Three Sisters in the desert areas of the American southwest, but, unfortunately, most of this knowledge has been lost. Some Native Americans are currently working to rediscover the techniques that would allow them to grow the vegetables in very dry conditions.

☆Questions

☆No. 11 What is one thing that we learn about growing the Three Sisters?

☆No. 12 What are some Native Americans trying to do now?

【日本語訳】　　　　　　　　スリー・シスターズ

　　何世紀もの間、北米中のネイティブ・アメリカンはとうもろこし、豆、カボチャを栽培しており、それらはしばしばスリー・シスターズと呼ばれていました。スリー・シスターズが一緒に植えられたのは、その組み合わせがもたらす強い恩恵のためです。豆がとうもろこしと一緒に栽培されると、豆がより多くの日光を浴びるために伸びる際に、とうもろこしが支えます。加えて、カボチャは雑草を寄せ付けず、豆は土壌中の有益な化学物質である窒素の量を増やします。しかし、この組み合わせをうまく機能させるには、それぞれの作物が他の作物に最も役立つ時期に植えることが不可欠です。

　　遠い昔、ネイティブ・アメリカンの農民たちは、アメリカ南西部の砂漠地帯でスリー・シスターズを栽培することさえできましたが、残念なことに、この知識はほとんど失われてしまいました。現在、一部のネイティブ・アメリカンは、非常に乾燥した状況でも野菜を栽培できる技術を再発見しようと努力しています。

質問

No. 11　スリー・シスターズの栽培についてわかる１つのことは何ですか。

No. 12　現在、一部のネイティブ・アメリカンは何をしようとしていますか。

【選択肢と訳】 No. 11

1 When each of the crops is planted is important.

2 They only grow in a small region of North America.

3 They have difficulty competing with weeds.

4 There needs to be space between the plants.

1 それぞれの作物がいつ植えられるかが重要である。

2 北米の狭い地域でしか育たない。

3 雑草との競合に苦戦している。

4 植物と植物の間にスペースが必要である。

No. 12

1 Use more-modern growing techniques.

2 Find new plants that can be grown in the desert.

3 Teach others how to grow the Three Sisters.

4 Recover forgotten growing methods.

1 より近代的な栽培技術を用いる。

2 砂漠で栽培できる新しい植物を見つける。

3 スリー・シスターズの育て方を他の人に教える。

vocabulary

□ **squash**「カボチャ」

□ **weed**「雑草」

□ **beneficial**「有益な」

□ **nitrogen**「窒素」

□ **soil**「土壌」

□ **rediscover**「～を再発見する」

□ **recover**「～を取り戻す」

解説 ネイティブ・アメリカンの行う、the Three Sistersと呼ばれる作物の栽培について説明した放送文です。冒頭での説明から、the Three Sistersは文字通りの「三姉妹」という意味ではなくcorn, beans, squashの 3 つの作物を指していることがわかります。

No. 11

質問はWhat is one thing that we learn about growing the Three Sisters?（スリー・シスターズの栽培についてわかる 1 つのことは何ですか）。
第 1 段落でスリー・シスターズに関してわかるのは、

① corn, beans, and squash, which were often called the Three Sisters
（とうもろこし、豆、カボチャはしばしばスリー・シスターズと呼ばれていた）

② The Three Sisters were planted together because of the strong benefits that the combination brings.
（スリー・シスターズが一緒に植えられたのは、その組み合わせがもたらす強い恩恵のためだ）

③ When beans are grown with corn, the corn provides support for the beans as they climb up to get more sunlight.
（豆がとうもろこしと一緒に栽培されると、豆がより多くの日光を浴びるために伸びる際に、とうもろこしが支える）

④ squash keeps weeds away, and beans increase the amount of the beneficial chemical nitrogen in the soil
（カボチャは雑草を寄せ付けず、豆は土壌中の有益な化学物質である窒素の量を増やす）

⑤ planting each crop at the time when it will most help the others is essential
（それぞれの作物が他の作物に最も役立つ時期に植えることが不可欠）

の 5 点です。⑤の内容から、正解は **1** です。
2 は北米中で育つという放送文の内容に矛盾します。**3** については、カボチャが雑草を寄せ付けないという内容から誤りです。**4** に関しては述べられていません。

No. 12

質問はWhat are some Native Americans trying to do now?（現在、一部のネイティブ・アメリカンは何をしようとしていますか）。第 2 段落 1 文目にunfortunately, most of this knowledge has been lost（残念なことに、この知識（＝アメリカ南西部の砂漠地帯でスリー・シスターズを栽培することができたことについての知識）はほとんど失われてしまった）と述べられています。また、現在のネイティブ・アメリカンの試みについては、2 文目にSome Native Americans are currently working to rediscover the techniques that would allow them to grow the vegetables in very dry conditions.（現在、一部のネイティブ・アメリカンは、非常に乾燥した状況でも野菜を栽培できる技術を再発見しようと努力している）と述べられています。この内容をRecover forgotten growing methods.と言い換えた **4** が正解です。
1、**3** に関しては述べられていません。**2** の砂漠での栽培は第 2 段落のテーマになっていますが、新しい植物を見つけるとは述べていないので誤りです。

(7) **解答** No. 13 **1** No. 14 **1**

放送された英文

☆**Profitable Experiences**

For many young people today, experiences have become more important than material things. This has created money-making opportunities for businesses that can provide memorable and exciting experiences. One recent example is "axe-throwing bars." While axes would normally be associated with chopping wood in a forest, now people in many cities can go to special bars and throw axes like darts. Some worry about the possible dangers of this activity, but fans argue that it is a fun way to release stress.

Such businesses that sell experiences have spread across the US, but critics argue these businesses may negatively affect communities in the long run. They say the businesses are probably a short-term trend whose popularity will not last. And, when

□ **material** 「物質的な」

□ **money-making** 「もうかる」

□ **memorable** 「思い出に残る」

□ **axe** 「斧」

□ *be* **associated with ～**「～に関連付けられる」

the businesses close, their employees are left without a source of income. The critics recommend that cities encourage the development of businesses that will be popular for decades, not just a few years.

★Questions
★No. 13 What is one reason for the popularity of "axe-throwing bars"?
★No. 14 What is one criticism of businesses that sell experiences?

日本語訳

もうかる体験

　今日の多くの若者にとって、体験が物質的なものよりも重要になっています。これにより、記憶に残るワクワクするような体験を提供できるビジネスに収益を上げる機会が生まれました。最近の例に、「斧投げバー」が挙げられます。通常、斧は森で木を切ることに関連付けられますが、今では多くの都市で人々は特別なバーに行き、ダーツのように斧を投げることができます。この活動の潜在的な危険性を心配する声もありますが、ファンたちはそれがストレスを解消する楽しい方法だと主張しています。

　このような体験を販売するビジネスは、アメリカ全土に広がっていますが、批評家たちはこれらのビジネスが長期的にはコミュニティに悪影響を及ぼすかもしれないと主張しています。これらのビジネスはおそらく一時的なトレンドであり、その人気は長続きしないと彼らは言います。そして、これらのビジネスが閉鎖されると、従業員は収入源を失ってしまいます。批評家たちは、都市が、わずか数年でなく、数十年にわたって人気になるだろうビジネスの発展を促進するように勧めています。

質問

No. 13　「斧投げバー」の人気の1つの理由は何ですか。
No. 14　体験を売るビジネスに対する1つの批判は何ですか。

選択肢と訳　No. 13

1 Young people's changing interests.
2 Young people's increasing need for exercise.
3 Young people's economic situation.
4 Young people's passion for nature.

1 若者の興味の変化。
2 若者の運動ニーズの高まり。
3 若者の経済的状況。
4 若者の自然に対する情熱。

No. 14

1 They are unlikely to survive long.
2 They do not do well outside of cities.
3 They rarely employ local people.
4 They take up too much space.

1 長く生き残る可能性は低い。
2 都市部以外ではうまくいかない。
3 地元の人を雇うことはほとんどない。
4 場所を取りすぎる。

解説　体験を売る新しい形のビジネスに関する放送文です。

No. 13

質問は What is one reason for the popularity of "axe-throwing bars"?（「斧投げバー」の人気の1つの理由は何ですか）。axe-throwing bars が何の具体例かを理解することがポイント。第1段落1文目で For many young people today, experiences have become more important than material things.（今日の多くの若者にとって、体験が物質的なものよりも重要になっている）と、若者の興味が変化していることを述べています。第1段落2文目では、memorable and exciting experiences（記憶に残るワクワクするような体験）を売ることに商機があることが述べられ、axe-throwing bars はその具体例です。よって正解は **1**。

2、**3** については述べられていません。**4** は放送文の wood in a forest から連想されるひっかけです。

No. 14

質問は What is one criticism of businesses that sell experiences?（体験を売るビジネスに対する1つの批判は何ですか）。第2段落の1文目で critics argue these businesses may negatively affect communities in the long run（批評家たちはこれらのビジネス（体験を売るビジネス）が長期的にはコミュニティに悪影響を及ぼすかもしれないと主張している）と述べられ、その後に批判の具体的な内容が説明されています。第2段落2文目には、the businesses are probably a short-term trend（これらのビジネスはおそらく一時的なトレンドである）とあり、a short-term trend を unlikely to survive long（長く生き残る可能性は低い）と言い換えた **1** が正解です。他の選択肢に関しては、述べられていません。

(8) **解答** No. 15 **2**　No. 16 **4**

放送された英文

★The Language of Bats

Some animals, such as dolphins, are thought to communicate using sounds that can express specific meanings. However, it was long believed that the sounds made by some other animals, such as bats, were random. A study of Egyptian fruit bats suggests that their communication system is actually quite complex.

The bats were kept in captivity, and the scientists conducting the study used a computer program to analyze the sounds that the bats made. The sounds were grouped into categories based on context. For example, certain sounds tended to be produced in the presence of food. Other sounds occurred during what appeared to be arguments between bats over where the bats would sleep. In the future, the scientists hope to monitor bats in their natural habitat to see whether the sounds they make change.

☆ Questions
☆ No. 15 What did the study of Egyptian fruit bats suggest?
☆ No. 16 How did the scientists conduct their analysis?

日本語訳　　　　　　　　　コウモリの言語

イルカのような一部の動物は、特定の意味を表すことができる音を使ってコミュニケーションをとると考えられています。しかし、コウモリのような他の動物が発する音は無作為なものだと長い間信じられてきました。エジプトのフルーツコウモリの研究では、それらのコミュニケーションの仕組みは実際には非常に複雑であることが示唆されています。

コウモリは飼育され、研究を行っている科学者たちは、コンピュータプログラムを使ってコウモリが発する音を分析しました。その音は文脈に基づいて分類されました。例えば、ある種の音は餌があるときに発せられる傾向がありました。他の音は、寝床をめぐるコウモリ同士の議論と思われるものの間で発生しました。将来的には、自然の生息地でコウモリを観察し、それらの発する音に変化があるかどうかを調べることを科学者たちは望んでいます。

質問
No. 15　エジプトのフルーツコウモリの研究は何を示唆しましたか。
No. 16　科学者たちはどのように分析を行いましたか。

選択肢と訳　No. 15
1 They make more sounds than dolphins.
2 The sounds they make have meaning.
3 Their sounds are not very complex.
4 Their communication system has changed.

1 イルカよりも多くの音を出す。
2 発する音には意味がある。
3 音はあまり複雑ではない。
4 コミュニケーションの仕組みが変わった。

No. 16
1 They recorded the sounds that sleeping bats made.
2 They matched bat sounds to those of other animals.
3 They monitored bats in their natural environment.
4 They used a computer program to categorize bat sounds.

1 眠っているコウモリが発する音を記録した。
2 コウモリの音と他の動物の音を照合した。
3 自然環境の中にいるコウモリを観察した。

□ **specific**「特定の」
□ **random**「無作為の、ランダムの」
□ **complex**「複雑な」
□ **in captivity**「とらわれの身で」
□ **conduct**「〜を行う」
□ **analyze**「〜を分析する」
□ **context**「文脈、状況」
□ **tend to** *do*「〜する傾向がある」
□ **in the presence of 〜**「〜があると」
□ **monitor**「〜を観察する」
□ **habitat**「生息地」
□ **categorize**「〜を分類する」

Theme 1
Theme 2
Theme 3
Theme 4
Theme 5
Theme 6
Theme 7
Theme 8
Theme 9
Theme 10
Theme 11
Theme 12

4 コンピュータプログラムを使ってコウモリの音を分類した。

解説 コウモリがコミュニケーションのために発する音について説明した放送文です。

No. 15

質問はWhat did the study of Egyptian fruit bats suggest?（エジプトのフルーツコウモリの研究は何を示唆しましたか）。第1段落1文目にSome animals, such as dolphins, are thought to communicate using sounds that can express specific meanings.（イルカのような一部の動物は、特定の意味を表すことができる音を使ってコミュニケーションをとると考えられている）とありますが、2文目でHowever, it was long believed that the sounds made by some other animals, such as bats, were random.（しかし、コウモリのような他の動物が発する音は無作為なものだと長い間信じられてきた）と述べられており、コウモリの発する音には意味がないという一般論が示されています。続く3文目で、A study of Egyptian fruit bats suggests that their communication system is actually quite complex.（エジプトのフルーツコウモリの研究では、それらのコミュニケーションの仕組みは実際には非常に複雑であることが示唆されている）と述べられています。ここで使われているactually（実際には）という単語は予想に反した内容を述べる際に用いられます。したがって、この文は、コウモリは意味のある音を発してコミュニケーションをとるということを述べていることがわかるので、正解は**2**です。

1、**4**は述べられていません。**3**に関しては3文目の内容と矛盾するので誤りです。

No. 16

質問はHow did the scientists conduct their analysis?（科学者たちはどのように分析を行いましたか）。第2段落1文目でused a computer program to analyze the sounds that the bats made（コンピュータプログラムを使ってコウモリが発する音を分析した）、続く2文目でThe sounds were grouped into categories based on context.（その音は文脈に基づいて分類された）と述べられています。これらの内容を受けてgrouped into categoriesをcategorizeと言い換えている**4**が正解です。

1はsleepから連想されるひっかけの選択肢。**2**は述べられていません。**3**に関しては第2段落最終文で述べられている将来的な課題であり、すでに実施した分析の方法ではないので誤りです。

(9) **解答** No. 17 **1**   No. 18 **2**

放送された英文

☆The Breakdown of Wet Wipes

Wet wipes are causing problems in sewer tunnels around the world. In 2015, for example, workers in London had to clear an enormous 10-ton lump of fat from one sewer tunnel. Experts blame wet wipes that are being flushed down toilets for causing such problems. Although the wipes can pass through pipes in homes without any issues, they mix with grease in sewer tunnels to create serious blockages. Cleaning up these obstructions has been estimated to cost billions of dollars worldwide.

As a result, new industry standards were set for labeling a product "flushable" based on how quickly it breaks down. Environmental groups, however, claim these standards are not useful because flushable wipes do not break down in sewer tunnels the way they do in laboratory tests. The environmental groups therefore created guidelines telling consumers which products do not create blockages.

★Questions
★No. 17 What is one problem caused by wet wipes?
★No. 18 Why do environmental groups criticize the new industry standards?

日本語訳   ウェットティッシュの分解

　ウェットティッシュが世界中の下水道トンネルで問題を引き起こしています。例えば2015年には、ロンドンの作業員たちがある下水道トンネルから10トンもの巨大な脂肪の塊を取り除かなければなりませんでした。専門家は、トイレに流されているウェットティッシュがこのような問題を引き起こしていると非難しています。ウェットティッシュは家庭内のパイプは問題なく通過できますが、下水道トンネル内では油脂と混ざり合い、深刻な詰まりを引き起こします。このような障害物の除去には、世界中で数十億ドルの費用がかかっていると見積もられています。

□ **breakdown**「分解」

□ **wet wipe**「ウェットティッシュ」

□ **sewer**「下水道」

□ **clear**「〜を取り除く」

□ **enormous**「巨大な、膨大な」

□ **lump**「塊」

□ **flush**「〜を流す」

□ **grease**「油脂」

□ **blockage**「詰まり」

□ **obstruction**「障害物」

□ **estimate** *A* **to** *do*「Aが〜すると見積もる」

□ **claim**「〜と主張する」

□ **laboratory**「実験室」

□ **address**「〜に対処する」

　結果として、どれだけ早く分解されるかに基づいて製品を「流せる」と分類する新しい業界基準が設定されました。しかし、環境保護団体は、流せるウェットティッシュは下水道トンネル内では実験室でのテストのようには分解されないため、これらの基準は役に立たないと主張しています。したがって環境保護団体は、どの製品が詰まりを起こさないかを消費者に伝えるガイドラインを作成しました。

質問
No. 17　ウェットティッシュが引き起こす1つの問題は何ですか。
No. 18　なぜ環境保護団体は新しい業界基準を批判していますか。

選択肢と訳　No. 17

1 They combine with grease to block sewer tunnels.
2 They endanger people working in sewer tunnels.
3 They block household pipes when flushed.
4 They cannot be recycled cheaply.

1 油脂と結合して下水道トンネルを詰まらせる。
2 下水道トンネルで作業する人を危険にさらす。
3 流されると家庭のパイプを詰まらせる。
4 安価にリサイクルできない。

No. 18

1 They were not created using laboratory tests.
2 They are not based on actual sewer-tunnel conditions.
3 The damage to sewer tunnels was not addressed.
4 The blockage issue cannot be solved with guidelines.

1 実験室のテストを使って作成されたものではなかった。
2 実際の下水道トンネルの状況に基づいていない。
3 下水道トンネルの被害が対処されていなかった。
4 詰まり問題はガイドラインでは解決できない。

解説　ウェットティッシュが下水道にもたらす問題について説明した放送文です。

No. 17
質問はWhat is one problem caused by wet wipes? (ウェットティッシュが引き起こす1つの問題は何ですか)。第1段落2文目でworkers in London had to clear an enormous 10-ton lump of fat from one sewer tunnel (ロンドンの作業員たちがある下水道トンネルから10トンもの巨大な脂肪の塊を取り除かなければならなかった)とありますが、3文目でExperts blame wet wipes that are being flushed down toilets for causing such problems. (専門家は、トイレに流されているウェットティッシュがこのような問題を引き起こしていると非難している)と述べられており、ウェットティッシュによって下水道トンネルが詰まってしまっていることがわかります。さらに、4文目ではthey (= the wipes) mix with grease in sewer tunnels to create serious blockages (下水道トンネル内では油脂と混ざり合い、深刻な詰まりを引き起こす)と問題の原因が述べられています。この内容を受けて、mixをcombineで、blockagesという名詞をblockという動詞で言い換えている**1**が正解です。
2、**4**は述べられていません。**3**は、家庭内のパイプは問題なく通過するという放送文の内容に矛盾します。

No. 18
質問はWhy do environmental groups criticize the new industry standards? (なぜ環境保護団体は新しい業界基準を批判していますか)。第2段落2文目に、these standards are not useful because flushable wipes do not break down in sewer tunnels the way they do in laboratory tests (流せるウェットティッシュは下水道トンネル内では実験室でのテストのようには分解されないため、これらの基準は役に立たない)という環境保護団体からの批判が述べられています。these standardsは直前のnew industry standards were set for labeling a product "flushable" based on how quickly it breaks down (どれだけ早く分解されるかに基づいて製品を「流せる」と分類する新しい業界基準が設定された)で言及された新しい業界基準を指しています。したがって、その内容をまとめた**2**が正解です。
3、**4**は述べられていません。**1**は、実験室のテストをふまえて基準が作られたという放送文の内容と矛盾します。

(10) **解答** No. 19 **3**　No. 20 **1**

放送された英文

☆Music and Work

　It has often been claimed that listening to music during work can improve focus and productivity. Recent research, however, suggests this may only be true of people performing highly repetitive tasks. For more-creative jobs, or those requiring intense concentration, listening to music might be harmful. In addition, other studies have found that the test scores of students who listen to music while completing reading tasks are lower than the test scores of students who read without music.

　According to neuroscientist Daniel Levitin, many people are unaware that music might be causing them to get less done. Although listening to music while working may be enjoyable, Levitin says popular music with lyrics is especially bad for concentration. However, he believes that listening to music helps workers relax during rest periods between tasks, so it can improve their overall ability to concentrate.

★Questions

★No. 19 What is one thing recent research has revealed about listening to music?

★No. 20 What does Daniel Levitin believe about listening to music?

日本語訳

音楽と仕事

　仕事中に音楽を聴くことによって、集中力や生産性を向上させることができるとよく主張されてきました。しかし、最近の研究は、これは非常に反復性の高い仕事を行う人にしか当てはまらないかもしれないと示唆しています。より創造的な仕事や高い集中力を必要とする仕事には、音楽を聴くことは有害かもしれません。その上、他の研究では、読書課題を遂行しながら音楽を聴く生徒のテストの点数は、音楽を聴かずに読書をする生徒のテストの点数よりも低いとわかっています。

　神経科学者のダニエル・レヴィティンによれば、多くの人は音楽が自分の完了させる仕事を少なくさせているかもしれないことに気づいていません。仕事中に音楽を聴くのは楽しいかもしれませんが、レヴィティンによれば、歌詞のあるポピュラー音楽は集中力に特に悪いということです。しかし、音楽を聴くことは、作業の合間の休憩時間に労働者がリラックスするのに役立つので、全体的な集中力を向上させることができると彼は考えています。

質問

No. 19　音楽を聴くことについて最近の研究が明らかにした1つのことは何ですか。

No. 20　ダニエル・レヴィティンは音楽を聴くことについてどのように考えていますか。

選択肢と訳　No. 19

1 It has little effect on people's productivity.

2 It helps students perform better on tests.

3 It might make certain tasks more difficult to do.

4 It improves people's mental health.

1 人々の生産性にはほとんど影響しない。

2 生徒のテストでの成績向上に役立つ。

3 特定の仕事をよりしづらくするかもしれない。

4 人々の精神衛生を向上させる。

No. 20

1 It can be effective during breaks.

2 It can actually make work less enjoyable.

3 It improves communication between workers.

4 It only has a small effect on concentration.

1 休憩時間に効果的である可能性がある。

2 実際には仕事を楽しくなくする可能性がある。

3 労働者間のコミュニケーションを改善する。

4 集中力には小さな影響しかない。

vocabulary

□ **claim**「〜と主張する」

□ **productivity**「生産性」

□ **highly**「非常に」

□ **repetitive**「繰り返しの」

□ **intense**「(程度が) 高い、激しい」

□ **harmful**「有害な」

□ **neuroscientist**「神経科学者」

□ *be* **unaware that** 〜「〜ということに気づいていない」

□ **lyrics**「歌詞」

□ **concentrate**「集中する」

解説 音楽が仕事に与える影響について説明した放送文です。

No. 19

質問は What is one thing recent research has revealed about listening to music? (音楽を聴くことについて最近の研究が明らかにした 1 つのことは何ですか)。最新の研究が明らかにした内容については、第 1 段落 2 文目以降で述べられています。

①this (= listening to music during work can improve focus and productivity) may only be true of people performing highly repetitive tasks

(これ (仕事中に音楽を聴くことによって、集中力や生産性を向上させることができるということ) は非常に反復性の高い仕事を行う人にしか当てはまらないかもしれない)

②For more-creative jobs, or those requiring intense concentration, listening to music might be harmful.

(より創造的な仕事や高い集中力を必要とする仕事には、音楽を聴くことは有害かもしれない)

③the test scores of students who listen to music while completing reading tasks are lower than the test scores of students who read without music

(読書課題を遂行しながら音楽を聴く生徒のテストの点数は、音楽を聴かずに読書をする生徒のテストの点数よりも低い)

②の内容をまとめて、more-creative jobs, or those requiring intense concentration を certain tasks と、harmful を more difficult to do と言い換えている **3** が正解です。

1、**2** は放送文の内容と矛盾します。**4** は述べられていません。

No. 20

質問は What does Daniel Levitin believe about listening to music? (ダニエル・レヴィティンは音楽を聴くことについてどのように考えていますか)。レヴィティンの考えは、第 2 段落 1 文目以降で、以下の 3 つが述べられています。

①many people are unaware that music might be causing them to get less done

(多くの人は音楽が自分の完了させる仕事を少なくさせているかもしれないことに気づいていない)

②popular music with lyrics is especially bad for concentration

(歌詞のあるポピュラー音楽は集中力に特に悪い)

③listening to music helps workers relax during rest periods between tasks, so it can improve their overall ability to concentrate

(音楽を聴くことは、作業の合間の休憩時間に労働者がリラックスするのに役立つので、全体的な集中力を向上させることができる)

③の内容をまとめて、rest periods を breaks と言い換えている **1** が正解です。helps workers relax や improve their overall ability to concentrate という内容も、effective という単語で言い換えられています。

2 ～ **4** は述べられていません。

Theme 9

●ポイント解説

リスニングPart 3に対応

Real-Life形式の内容一致選択問題をおさえよう！

Point① 準1級のReal-Life形式の内容一致選択問題はどんな問題？

○問題用紙に記載された、日常生活に即した状況設定文（*Situation*）と質問文（*Question*）を読み、パッセージを聞いた後、内容に関する質問への答えとして最も適切な選択肢を選ぶ問題。

○問題数：5問

○放送回数：1回

○問題用紙には、状況設定文、質問文、選択肢が記載されています。

○状況設定文と質問文を読む時間は10秒間です。その後放送が始まります。

Point② 準1級のReal-Life形式の内容一致選択問題の攻略方法とは？

○状況と質問をしっかり先読みする！

Part 3は、Part 1・Part 2と、内容が大きく異なります。

Part 3ではあらかじめ、放送される英文の状況設定文と質問文が与えられ、それらを読んだ後に放送を聞きます。状況と質問を読む時間は10秒間与えられているので、**この時間内にそれらをしっかり読んで理解することが、Part 3で高得点を取るポイント**です。特に、状況設定文に含まれる数字には注意しましょう。

例えば、

> ***Situation:*** You need to park your car near the airport for <u>16 days</u>. You want the best price but are worried about your car being damaged. A friend tells you about options.
>
> （*Situation* の訳：あなたは空港近くに<u>16日間</u>車を駐車する必要があります。最安値を求めていますが、車が傷つくのが心配です。友人が選択肢を教えてくれます）
>
> （2023年度第1回（26）より一部抜粋）

のように数字が含まれる場合は、その**数字が重要な意味を持つ**ことが多いので、きちんとおさえましょう。

また、状況と質問を事前に読むことに加え、できることなら「選択肢」も読んでおくと、さらに得点を伸ばすことができます。

【 例題 1 】

>
>
> ***Situation:*** You bought five cans of Bentham Foods tuna fish at the supermarket on May 30. You hear the following announcement on TV. You have not eaten any of the tuna.
>
> ***Question:*** What should you do?
>
> **1** Take the cans to the store you bought them at.
>
> **2** Call the Bentham Foods recall hotline.
>
> **3** Arrange to have the cans picked up.
>
> **4** Visit the Bentham Foods website for instructions.
>
> （2023年度第1回（29））

★Bentham Foods is recalling all cans of its tuna sold from May 15 to July 1 because of suspected health risks. Customers who have consumed tuna from these cans are advised to call our recall hotline. For unopened cans, if you have one or more cases of 24 cans, please visit our website for instructions on how to arrange a pickup and a full refund. Customers with less than one case may exchange the cans or return them for a full refund at the store where they were purchased. The cans don't pose any risk while unopened, but please avoid consuming tuna from any cans bought during the affected dates.

解説

状況設定文に「5つのツナ缶」という数字が含まれています。数字はキーワードになることが多いので、必ずおさえましょう。

また、できれば状況設定文と質問文に加えて、選択肢も先読みできるととても有利です。

ちなみに、今回の選択肢は、

   1 Take the cans to the store you bought them at.（缶を買った店に持っていく）

   2 Call the Bentham Foods recall hotline.（ベンサム・フーズのリコール・ホットラインに電話する）

   3 Arrange to have the cans picked up.（缶の引き取りを手配する）

   4 Visit the Bentham Foods website for instructions.（手続方法確認のためにベンサム・フーズのウェブサイトを見る）

ですが、**これらに事前に目を通しておけると、答えに該当する箇所が放送されたときに、すぐに正解を選ぶことができます。**

今回の放送文の概要は、「24缶入りケースが1つ以上なら集荷と返金をしてもらえ、1ケース未満なら購入店で返品して交換か返金ができる」というものでした。状況設定文にある「5つのツナ缶」は後者に該当します。放送文には、

   exchange the cans or return them for a full refund at the store where they were purchased

とあり、この話を聞いた人（you）は「購入したものを、交換または返金のために、店に持っていく」ことになるので、正解は **1** になります。

選択肢を先に読むことができていると、答えが聞こえてきた瞬間に選ぶことができ、かつ正答率も高まります。ですので、できる限り選択肢も先に読みましょう。

解答　**1**

● 日本語訳

> **状況**：あなたは5月30日にスーパーマーケットでベンサム・フーズの5つのツナ缶を購入しました。あなたはテレビで以下のアナウンスを聞きます。あなたはそのツナを1つも食べていません。
>
> **質問**：あなたは何をすべきですか？
> （選択肢）
> **1** 缶を買った店に持っていく。
> **2** ベンサム・フーズのリコール・ホットラインに電話する。
> **3** 缶の引き取りを手配する。
> **4** 手続方法確認のためにベンサム・フーズのウェブサイトを見る。
>
> （放送された英文）
> ベンサム・フーズは、健康リスクが疑われるため、5月15日から7月1日までに販売されたすべてのツナ

缶をリコールしています。これらの缶からツナを食べたお客様は、リコール・ホットラインにお電話いただくようお願いいたします。未開封の缶については、24缶入りケースを1つ以上お持ちの場合は、回収と全額返金の手続き方法を確認するために、当社のウェブサイトをご覧ください。1ケース未満の缶をお持ちのお客様は、購入した店舗で缶を交換するか、全額返金を受けることができます。未開封であれば缶はリスクがないですが、影響を受けた期間に購入した缶のツナを食べることは避けてください。

【 例題 2 】

Situation: You want to order a back issue of a monthly science magazine. You are interested in genetics. You call the magazine publisher and are told the following.

Question: Which issue should you order?

1 The July issue.
2 The August issue.
3 The October issue.
4 The November issue.

(2023年度第1回 (28))

▶ 放送された英文

☆I understand you've only read the September issue. I'll explain the others briefly. The July issue has an overview of the latest advancements in physics, centering on last year's breakthrough in the field of particle physics. The next issue focuses on recent genetic discoveries and various ongoing experiments with DNA and RNA, but unfortunately, this one is out of print. The October issue is also centered around research in genetics, especially its potential medical applications. Finally, if you'd like to deepen your understanding of modern geology, the November issue would be perfect. It thoroughly explains the current mainstream theories on volcano formation.

解説

上記のような状況設定と質問に対して与えられている選択肢はすべて「何月号か」です。

それぞれの号の説明を聞きながら、状況設定文で与えられた、

　　①バックナンバー(既刊号)を注文したい
　　②遺伝学に興味がある

という条件をクリアできる号を選びます。

1 の「7月号」は3文目に出てきますが、physics(物理学)について扱っている号なので、遺伝学についての情報は得られそうにありません。

2 の「8月号」は4文目でThe next issue(その次の号)という形で紹介されています。こちらはfocuses on recent genetic discoveries(最近の遺伝学における発見に焦点を当てている)とありますが、unfortunately, this one is out of print(残念ながらこちらは絶版となっています)と述べられており、入手できません。

3 の「10月号」は5文目で紹介されています。centered around research in genetics(遺伝学の研究が中心となっている)とあり、絶版であるとは述べられていないので、入手できることがわかります。

4 の「11月号」は6文目以降で紹介されていますが、こちらはmodern geology(現代地質学)を取り上げているため、興味のある内容と合いません。

Theme 1
Theme 2
Theme 3
Theme 4
Theme 5
Theme 6
Theme 7
Theme 8
Theme 9
Theme 10
Theme 11
Theme 12

したがって、正解は **3** となります。

解答 3

日本語訳

> **状況**：あなたは月刊科学雑誌のバックナンバーを注文したいと思っています。あなたは遺伝学に興味があります。あなたは雑誌の出版社に電話し、次のように言われます。
>
> **質問**：あなたはどの号を注文すべきですか？
> （選択肢）
> **1** 7月号。
> **2** 8月号。
> **3** 10月号。
> **4** 11月号。
>
> （放送された英文）
> あなたがまだ9月号しか読まれていないのを理解しています。他の号を簡単に説明します。7月号は、素粒子物理学の分野における昨年の大発見を中心に、物理学における最新の進歩を概観しています。その次の号は最近の遺伝子の発見とDNAやRNAを使った現在進行中のさまざまな実験に焦点を当てていますが、残念ながらこちらは絶版となっています。10月号も遺伝学の研究、特に医療への応用の可能性が中心となっております。最後に、現代地質学についての理解を深めたいのであれば、11月号が最適でしょう。それは火山形成に関する現在の主流理論を徹底的に解説しています。

何度も練習して、状況設定文と質問文を10秒間で読んでおけるようにしましょう。

Theme 9 トレーニング問題

Real-Life形式の内容一致選択問題にチャレンジしてみましょう。
自分で解くときも、音声を流す前に、10秒の準備時間をとって状況設定文と質問文を
読み、問題形式に慣れておきましょう。

☐ (1)
Situation: You are enrolling your daughter in a new school. She is allergic to dairy products. The school principal tells you the following.

Question: What should you do?
1 Get a letter from a doctor. 　 2 List your daughter's requirements.
3 Pay for school lunch. 　 4 Sign up for special meals. 　(2021年度第1回(28))
Track 46

☐ (2)
Situation: Your company's president is making an announcement about a change in office procedures. You want to take time off next week.

Question: What should you do?
1 Speak to your manager. 　 2 Submit a request on the new website.
3 E-mail the members of your department. 　 4 Contact ABC Resource Systems.
(2022年度第1回(27))
Track 47

☐ (3)
Situation: You want an apartment that is just a short walk from a train station. You need at least two bedrooms. A real estate agent tells you the following.

Question: Which apartment should you look at?
1 The one in Wilson Heights. 　 2 The one in Downtown Hills.
3 The one in Bronte Towers. 　 4 The one in Norton Villas. 　(2021年度第1回(25))
Track 48

☐ (4)
Situation: Your air conditioner suddenly stopped working, and its blue light is flashing. You call customer support and hear the following recorded message.

Question: What should you do first?
1 Remove the air conditioner filter. 　 2 Open up the air conditioner panel.
3 Disconnect the air conditioner. 　 4 Arrange a service appointment.
(2023年度第1回(27))
Track 49

☐ (5)
Situation: You need a bag to use during your upcoming business trip. You will also go hiking using the bag on your days off. A shop employee tells you the following.

Question: Which bag should you buy?
1 The Western. 　 2 The Dangerfield.
3 The Spartan. 　 4 The Winfield. 　(2023年度第1回(25))
Track 50

☐ (6)
Situation: You are a writer for a newspaper. You arrive home at 8:30 p.m. and hear the following voice mail from your editor. You need two more days to finish your column.

Question: What should you do?
1 Send the file to Bill. 　 2 Send the file to Paula.
3 Call Bill's office phone. 　 4 Call Bill on his smartphone. 　(2022年度第1回(29))
Track 51

Theme 1
Theme 2
Theme 3
Theme 4
Theme 5
Theme 6
Theme 7
Theme 8
Theme 9
Theme 10
Theme 11
Theme 12

(1) **解 答** **1**

▶放送された英文

☆ I'd like to cover a few points about food and drink. We do many outdoor activities, so students should bring a water bottle, as drinking water isn't available outside. Also, we prepare lunch on the premises and expect all children to eat school lunch unless they have special dietary requirements. We have many students, so we can't cover everyone's needs. All meals include meat, eggs, and cheese. A doctor's letter is required to opt out of school lunch, in which case you won't be charged for it. In such cases, students are required to bring a home-prepared lunch.

日本語訳 **（放送された英文）**

食事と飲み物に関して何点かを確認したいです。私たちは多くのアウトドア活動を行っています。外では飲料水が手に入らないため、生徒は水筒を持参する必要があります。また、私たちは敷地内で昼食を用意し、特別な食事制限がない限り、すべての子どもに学校給食を食べてもらうつもりでいます。生徒が多いため、全員のニーズに応えることはできません。すべての給食に肉、卵、チーズが含まれています。給食を食べない際には、医師の診断書が必要で、その場合は給食費を請求されません。そのような場合、生徒は自宅で用意した昼食を持参することが求められます。

（状況）

You are enrolling your daughter in a new school. She is allergic to dairy products. The school principal tells you the following.
あなたは娘を新しい学校に入学させようとしています。娘は乳製品アレルギーです。校長はあなたに次のように言います。

選択肢と訳 質問：あなたは何をすべきですか。

　　1 Get a letter from a doctor.
　　2 List your daughter's requirements.
　　3 Pay for school lunch.
　　4 Sign up for special meals.

　　1 医師から診断書をもらう。
　　2 あなたの娘の必要条件をリストアップする。
　　3 給食費を払う。
　　4 特別な食事の申し込みをする。

解 説 状況設定文にはShe is allergic to dairy products.（彼女（あなたの娘）は乳製品のアレルギーがある）とあります。質問はWhat should you do?（あなたは何をすべきですか）なので、話し手の校長先生の話を聞いて、娘のアレルギーに関して、適切な行動を選択します。
放送文の5文目にはAll meals include meat, eggs, and cheese.（すべての給食に肉、卵、チーズが含まれています）とあり、学校が提供する給食には、乳製品であるチーズが含まれているので、聞き手（you）の娘は給食を食べることができません。続く6文目にはA doctor's letter is required to opt out of school lunch（給食を食べない際には、医師の診断書が必要です）とあるので、正解は **1**。
2、**4** については述べられていません。**3** については、給食を食べない場合は you won't be charged for it（給食費を請求されません）とあるので誤り。

- -

(2) **解 答** **1**

▶放送された英文

☆The company has decided to outsource the personnel department's services to ABC Resource Systems. There will be two main changes. First, we'll be using a new website to handle all scheduling, requests for time off, and complaints. More importantly, time-off requests will now need to be submitted two weeks in advance. These changes will apply at the end of next month, so please submit requests on the website at that time. Until then, please direct all personnel issues to the manager of your department. Thank you for your cooperation.

日本語訳 **（放送された英文）**

当社は、人事部門のサービスをABCリソース・システムズに外注することを決定しました。主な変更点は2つあります。まず、新しいウェブサイトを使って、すべてのスケジュール管理、休暇申請、苦情を処理します。さらに重要なのは、休暇申請は、これからは2週間前に提出する必要があるとい

vocabulary

- □ **on the premises**「敷地内で」
- □ **dietary requirements**「食事制限」
- □ **doctor's letter**「医師の診断書」
- □ **opt out of ～**「～を避ける」
- □ **charge**「～に請求する」
- □ **be allergic to ～**「～にアレルギーがある」
- □ **dairy product**「乳製品」
- □ **principal**「校長」
- □ **list**「～をリストアップする」

- □ **outsource**「～を外注する」
- □ **personnel department**「人事部門」
- □ **handle**「～を処理する」
- □ **complaint**「苦情」
- □ **submit**「～を提出する」
- □ **in advance**「事前に」
- □ **apply**「適用される」

うことです。これらの変更は来月末から適用されますので、その時点でウェブサイトから申請してください。それまでは、すべての人事案件は所属部署の部長に直接お伝えください。ご協力ありがとうございます。

（状況）

Your company's president is making an announcement about a change in office procedures. You want to take time off next week.

あなたの会社の社長が事務手続きの変更について発表しています。あなたは来週休暇を取りたいと思っています。

選択肢と訳 質問：あなたは何をすべきですか。

1 Speak to your manager.
2 Submit a request on the new website.
3 E-mail the members of your department.
4 Contact ABC Resource Systems.

1 上司に相談する。
2 新しいウェブサイトで申請する。
3 所属部署のメンバーにメールする。
4 ABC リソース・システムズに連絡する。

解説 状況設定文から、放送文の話し手は聞き手が働いている会社の社長で、聞き手は来週に休暇を取りたいということがわかります。

質問は What should you do?（あなたは何をすべきですか）。4文目に time-off requests will now need to be submitted two weeks in advance（休暇申請は、これからは2週間前に提出する必要がある）と述べられています。続く5文目に、この変更に関して These changes will apply at the end of next month, so please submit requests on the website at that time.（これらの変更は来月末から適用されますので、その時点でウェブサイトから申請してください）とあります。

休暇を取りたいのは来週なので、変更が適用される前に申請することになります。6文目で Until then（それまでは）と述べられているので、休暇申請については、この文の指示に従えば良いとわかります。具体的には please direct all personnel issues to the manager of your department（すべての人事案件は所属部署の部長に直接お伝えください）とあるので、**1** が正解となります。

2 は来月末からの申請方法で、**3**、**4** は述べられていません。

vocabulary

- □ **direct A to B**「AをBに向ける」
- □ **issue**「問題、案件」
- □ **manager**「部長」
- □ **cooperation**「協力」
- □ **president**「社長」
- □ **make an announcement**「発表する」
- □ **procedure**「手続き」

---

(3) **解答** **2**

▶ **放送された英文**

★We have a few apartments. There's one in Wilson Heights, just a few minutes from the train station on foot. It's a studio apartment, so everything is in one room, but it's quite spacious. Right next door to that, in Downtown Hills, there's an older two-bedroom apartment available. Bronte Towers has a three-bedroom apartment available. It's right beside a bus stop, and a 25-minute ride to the station. Lastly, and just a short walk from the same bus stop, there's a spacious two-bedroom apartment for rent in Norton Villas.

日本語訳 （放送された英文）

私たちにはいくつかのアパートがあります。ウィルソン・ハイツに1つあり、電車の駅から徒歩でたった数分のところにあります。こちらはワンルームのアパートで、すべてが1つの部屋にまとまっていますが、かなり広々としています。そのすぐ隣には、ダウンタウン・ヒルズに、古い2つのベッドルームのアパートが空いています。ブロンテ・タワーズには3つのベッドルームのアパートがあります。それはバス停のすぐ隣で、駅までの乗車時間は25分です。最後に、同じバス停から歩いてすぐの場所で、ノートン・ヴィラズに広々とした2つのベッドルームのアパートが空いています。

（状況）

You want an apartment that is just a short walk from a train station. You need at least two bedrooms. A real estate agent tells you the following.

あなたは電車の駅から徒歩で近いアパートを探しています。最低でも2つのベッドルームが必要です。不動産業者の人が次のようにあなたに話します。

- □ **on foot**「徒歩で」
- □ **quite**「かなり」
- □ **spacious**「広い」
- □ **available**「利用できる」
- □ **right beside ～**「～の真横に」
- □ **for rent**「賃貸用の」
- □ **real estate**「不動産」
- □ **agent**「代理人」

選択肢と訳 質問：あなたはどのアパートを見るべきですか。

1 The one in Wilson Heights.
2 The one in Downtown Hills.
3 The one in Bronte Towers.
4 The one in Norton Villas.

1 ウィルソン・ハイツにあるもの。
2 ダウンタウン・ヒルズにあるもの。
3 ブロンテ・タワーズにあるもの。
4 ノートン・ヴィラズにあるもの。

解説 状況設定文から、a short walk from a train station（電車の駅から徒歩で近い）、at least two bedrooms（最低でも2つのベッドルーム）という2つの条件を満たす選択肢を選びます。質問は Which apartment should you look at?（あなたはどのアパートを見るべきですか）。解答の根拠は、放送文の4文目 Right next door to that, in Downtown Hills, there's an older two-bedroom apartment available.（そのすぐ隣には、ダウンタウン・ヒルズに、古い2つのベッドルームのアパートが空いています）で、Right next door to that の that が指す内容を聞き取ることが重要です。この that は最初に説明された Wilson Heights にあるアパートを指します。Wilson Heights のアパートは just a few minutes from the train station on foot（電車の駅から徒歩でたった数分のところ）で、その隣（Right next door to that）にある Downtown Hills のアパートも駅から徒歩で近いことがわかります。さらに Downtown Hills のアパートに関しては there's an older two-bedroom apartment available（古い2つのベッドルームのアパートが空いています）とも説明されているので、条件に合致しており、**2** が正解です。**1** はベッドルームが2つありません。**3**、**4** は駅から徒歩で近い距離ではありません。

(4) **解答** 3

▶ **放送された英文**

☆Please look at the display. If the green light is blinking, this means it needs to be cleaned. To do this, simply remove the filter and clean it carefully. You can find a tutorial video on our website. If the blue light is flashing, the air conditioner may be overheating. In such a case, you can speed up cooling by leaving the panel open. Be sure to unplug the air conditioner before touching the unit. If this does not solve the problem, and you would like to schedule a service call by a technician, press 1.

日本語訳 （放送された英文）

画面を見てください。緑色のライトが点滅している場合は、清掃が必要なことを意味します。これをするためには、単にフィルターを取り外し、丁寧に清掃してください。当社のウェブサイトでチュートリアル・ビデオが見つかります。青いライトが点滅している場合は、エアコンが過熱しているかもしれません。このような場合は、パネルを開けたままにしておくと冷却を早めることができます。装置に触る前に必ずエアコンのプラグを抜いてください。これでも問題が解決せず、技術者による業務訪問をご希望の場合は、1を押してください。

（状況）

Your air conditioner suddenly stopped working, and its blue light is flashing. You call customer support and hear the following recorded message.

エアコンが突然動かなくなり、青いライトが点滅しています。カスタマーサポートに電話して、次のような録音されたメッセージを聞きます。

選択肢と訳 質問：あなたはまず何をすべきですか。

1 Remove the air conditioner filter.
2 Open up the air conditioner panel.
3 Disconnect the air conditioner.
4 Arrange a service appointment.

1 エアコンフィルターを取り外す。
2 エアコンパネルを開ける。
3 エアコンの接続を断つ。

□ **display**「画面」
□ **blink**「点滅する、まばたきする」
□ **remove**「〜を取り外す」
□ **tutorial**「チュートリアル、取り扱い説明」
□ **flash**「点滅する、ぱっと光る」
□ **overheat**「過熱している」
□ **unplug**「〜のプラグを抜く」
□ **unit**「装置」
□ **service call**「（修理などのための）業務訪問」
□ **suddenly**「突然」
□ **disconnect**「〜の接続を断つ」

4 サービスの予約をする。

vocabulary

解説 状況設定文からは、エアコンが壊れたこと、青いライトが点滅していることが読み取れます。質問は What should you do first?（あなたはまず何をすべきですか）。最初にするべきことについての指示を聞き取ることがポイントになります。

5文目に、If the blue light is flashing（青いライトが点滅している場合は）とあるので、これ以降に解答の根拠があるとわかります。やるべきことについて、6文目に you can speed up cooling by leaving the panel open（パネルを開けたままにしておくと冷却を早めることができる）という助言があります。しかし、続く7文目に、Be sure to unplug the air conditioner before touching the unit.（装置（＝ the panel）に触る前に必ずエアコンのプラグを抜いてください）とあるので、まずするべきことはエアコンのプラグを抜くことであるとわかります。したがって、unplug を disconnect と言い換えている **3** が正解です。

ちなみに、8文目にも指示がありますが、If this does not solve the problem, and you would like to schedule a service call by a technician（これでも問題が解決せず、技術者による業務訪問をご希望の場合は）とあるので、この文で指示されている press 1（1を押す）のは、最初にするべきことではありません。

1 は緑のライトが点滅している場合、**2** はエアコンのプラグを抜いた後にするべきこと、**4** はエアコンのプラグを抜いてからエアコンパネルを開けても解決しない場合の対応です。

(5) **解答** **2**

▶ 放送された英文

☆OK, the Western is an all-leather backpack. It converts to a briefcase, so it's great for business environments. It's a bit heavy, though, so I wouldn't use it on long walks. The Dangerfield is a waxed canvas backpack that's water-resistant, so it's great for outdoor activities. It's also handsome enough for the office. The Spartan is also made of waxed canvas. It's very functional but a bit too sporty for professional contexts. The Winfield is a similar bag, but it's made of water-resistant leather. The thin strap can make it uncomfortable to carry for extended periods of time, though.

日本語訳 （放送された英文）
ウェスタンはすべて革製のバックパックです。ブリーフケースに形を変えるので、ビジネス環境にも最適です。でも少し重いので、私なら長時間のウォーキングには使いません。デンジャーフィールドはワックスド・キャンバス製のリュックサックで、耐水性があるため、アウトドア活動に最適です。また、オフィスでも使えるほど見た目が整っています。スパルタンもワックスド・キャンバス製です。非常に機能的ですが、仕事という状況では、スポーツ的すぎるかもしれません。ウィンフィールドも似たようなバッグですが、耐水性のある革で作られています。ただ、革ひもが細いので、長時間運ぶことは心地よくないかもしれません。

（状況）
You need a bag to use during your upcoming business trip. You will also go hiking using the bag on your days off. A shop employee tells you the following.
あなたは今度の出張で使うバッグが必要です。また、休日にはそのバッグを使ってハイキングに行く予定です。店員は次のように言います。

選択肢と訳 質問：あなたはどのバッグを買うべきですか。

1 The Western.
2 The Dangerfield.
3 The Spartan.
4 The Winfield.

1 ウェスタン。
2 デンジャーフィールド。
3 スパルタン。
4 ウィンフィールド。

解説 状況設定文から、出張に使うことができる、そしてハイキングにも使うことができるという2つの条件を満たすバッグの選択肢を選びます。選択肢を1つずつ吟味していきましょう。

□ **leather**「革」
□ **backpack**「バックパック」
□ **convert**「形が変わる」
□ **briefcase**「ブリーフケース」
□ **water-resistant**「耐水性のある」
□ **handsome**「見た目が整った」
□ **functional**「機能的な」
□ **context**「文脈、状況」
□ **strap**「革ひも」
□ **uncomfortable**「不快な」
□ **extended period**「長時間」

（1 The Western.）

放送文の2文目 It converts to a briefcase, so it's great for business environments.（ブリーフケースに形を変えるので、ビジネス環境にも最適です）から出張向きであることがわかります。しかし、3文目の It's a bit heavy, though, so I wouldn't use it on long walks.（でも少し重いので、私なら長時間のウォーキングには使いません）から、ハイキングには向きません。よって誤りです。

（2 The Dangerfield.）

4文目には、耐水性がある（water-resistant）、アウトドア活動に最適（it's great for outdoor activities）という特徴が述べられており、ハイキングに向いていることがわかります。また、5文目 It's also handsome enough for the office.（オフィスでも使えるほど見た目が整っている）から、ビジネスにも適していることがわかるので、**2**が正解です。

（3 The Spartan.）

6文目のwaxed canvas（ワックスド・キャンバス）は4文目でも登場しており、耐水性のある材質であることがわかります。また7文目の It's very functional（とても機能的）という特徴も合わせて、ハイキングに向いていそうです。しかし、7文目後半の too sporty for professional contexts（仕事という状況では、スポーツ的すぎる）から、出張には向かないことがわかり、誤りです。

（4 The Winfield.）

最終文の The thin strap can make it uncomfortable to carry for extended periods of time（革ひもが細いので、長時間運ぶことは心地よくないかもしれない）から、ハイキングに向かないことがわかり、誤りです。

---

(6) **解答** **4**

放送された英文

★Hi, this is Bill. As you know, today's the deadline for your column. How is it coming along? If you've already finished it, please send the column directly to my office e-mail address. If you're likely to finish it by tomorrow morning, send the file to Paula. I'll be out all day tomorrow. However, if you're not likely to make it by tomorrow morning, could you call me on my office phone tonight? I'll be here until eight. Otherwise, you can reach me on my smartphone after eight. If necessary, I can give you another few days to finish it. Thanks.

日本語訳 （放送された英文）

こんにちは、ビルです。ご存じのように、今日はあなたのコラムの締め切り日です。順調に進んでいますか。すでに完成している場合は、私のオフィスのメールアドレスに直接コラムを送ってください。明日の朝までに完成しそうなら、ポーラにファイルを送ってください。明日は一日中外出しています。しかし、明日の朝までに間に合いそうにない場合は、今夜オフィスに私宛てに電話していただけますか。私は8時までここにいます。そうでなければ、8時以降に私のスマートフォンに連絡していただいても良いです。必要であれば、それを仕上げるためにもう2、3日与えることもできます。ありがとうございます。

（状況）

You are a writer for a newspaper. You arrive home at 8:30 p.m. and hear the following voice mail from your editor. You need two more days to finish your column.

あなたは新聞社のライターです。夜8時半に帰宅し、編集者からの次のようなボイスメールを聞きます。あなたはコラムを仕上げるのにあと2日必要です。

選択肢と訳 質問：あなたは何をすべきですか。

1 Send the file to Bill.
2 Send the file to Paula.
3 Call Bill's office phone.
4 Call Bill on his smartphone.

1 ファイルをビルに送る。
2 ファイルをポーラに送る。
3 ビルのオフィスの電話にかける。
4 ビルのスマートフォンに電話をかける。

解説 状況設定文から、聞き手は新聞社のライターで、午後8時半に帰宅して編集者からのボイスメールを聞き、コラムを仕上げるのにもう2日必要だということがわかります。状況として与えられている数字（ここではat 8:30 p.m. と two more days）は質問に関わる可能性が高いので、注意しましょう。

質問はWhat should you do? （あなたは何をすべきですか）。編集者からのボイスメールの中から、状況に合う指示を聞き取りましょう。いくつかの場合に分けて、指示が出されています。

①If you've already finished it, please send the column directly to my office e-mail address.
（すでに完成している場合は、私のオフィスのメールアドレスに直接コラムを送ってください）

②If you're likely to finish it by tomorrow morning, send the file to Paula.
（明日の朝までに完成しそうなら、ポーラにファイルを送ってください）

③if you're not likely to make it by tomorrow morning, could you call me on my office phone tonight? I'll be here until eight.
（明日の朝までに間に合いそうにない場合は、今夜オフィスに私宛てに電話していただけますか。私は8時までここにいます）

④Otherwise, you can reach me on my smartphone after eight.
（そうでなければ、8時以降に私のスマートフォンに連絡していただいても良いです）

コラムを仕上げるのにもう2日必要なので、①と②は該当しません。したがって、正解は③か④のどちらかだとわかります。

④のOtherwise（そうでなければ）は、直前の内容を受けて、「今夜8時までにオフィスに私宛てに電話していただけない場合は」という意味になります。このボイスメールを聞いているのが8時半なので、④の指示に従えば良いことになります。したがって、4が正解です。

選択肢1〜3は上記の①〜③にそれぞれ対応した内容なので、誤りです。

vocabulary

Column

　ライティングやスピーキングを苦手とする受験者は多いのですが、実はこの2つは得点源にできるパートです。ライティングやスピーキングを得点源にするためには、ライティングの模範解答、もしくは学校の先生などに添削してもらった解答を自然に覚えられるくらいまで音読しましょう。ライティングは「書いて、解答をチェックして終わり」にしてしまうともったいないです。ライティングの表現はスピーキングに応用できるものもたくさんあります。ライティングの解答を覚えてしまうくらいまで音読することで、スピーキング対策にもなります。

　スピーキングに関しては、この問題集で答え方のポイントをおさえた後は、学校の先生やALTの先生にお願いして、ぜひ練習させてもらいましょう。学校以外では手軽に始められるオンラインの英会話もありますので、そういったものを利用するのも良いと思います。

　また、英検準1級に合格する訓練としてライティングやスピーキングの対策をするというのも良いですが、語学の本質はとても楽しいものです。英語を通して海外の人たちとコミュニケーションをとることは自分の世界を広げることです。ですので、「英検の対策だから」といやいや勉強するのではなく、少し遠くを見て、将来を見すえて楽しみながら勉強すると良いと思います。

　英語を使って、海外の人たちとお互いの趣味や、文化、また政治、経済についても語り合える将来はとても楽しいですよ。せっかく英語を勉強するなら楽しみながら勉強しましょう！

Chapter

4

Reading

● ポイント解説

● トレーニング問題

短文の語句空所補充問題をおさえよう！

Point① 準1級の短文の語句空所補充問題はどんな問題？

○短文、または短い会話文の空所にあてはまる適切な選択肢を選ぶ問題。
○語彙や熟語が主に問われ、文法問題はありません。
○問題数：18問

Point② 準1級の短文の語句空所補充問題の攻略方法とは？

○単語の用法をおさえる

まずは単語の意味を覚えることが重要です。そのときに日本語訳だけでなく、**相性の良い語句（コロケーション）** も覚えましょう。

それでは早速、3問の例題に取り組んでみましょう。

【 例題1 】

Tina's new goal is to get healthy. In addition to including more vegetables in her diet, she has decided to (　　　　　） an exercise program into her daily routine.

1 commemorate　　**2** alienate　　**3** liberate　　**4** incorporate

（2022年度第3回 (8)）

解説

空所の後ろには、an exercise program into her daily routine という *A* into *B* の形があります。この形を取ることができるのは **incorporate *A* into *B*「AをBに組み入れる」** の **4** incorporate「組み入れる」です。このように、単語の意味だけでなく、単語の使い方（とる形）をヒントにして答えを出すこともできます。それぞれの選択肢の意味は **1** commemorate「記念する」　**2** alienate「遠ざける」　**3** liberate「自由にする」です。

解答　4

日本語訳

ティナの新しい目標は健康になることです。食事にもっと野菜を取り入れるだけでなく、彼女は毎日の日課に運動プログラムを**取り入れる**ことを決めました。
1 記念する　　**2** 遠ざける　　**3** 自由にする　　**4** 取り入れる

Key

単語を覚えるときに注意すること

単語がとる形から解くこともできます。単語を覚えるとき、意味を覚えるのはもちろん大切ですが、**どういった形をとるのか、どんな単語と一緒に使われるのかをぜひ覚えましょう。** こうした知識は、ライティングやスピーキングにも活かすことができます。

Theme
1

Theme
2

Theme
3

Theme
4

Theme
5

Theme
6

Theme
7

Theme
8

Theme
9

Theme
10

Theme
11

Theme
12

〖 例題2 〗

When there is a big business convention in town, it is almost impossible to find a hotel with a
(　　　　　　). Most hotels quickly get fully booked.

1 sprain　　**2** segment　　**3** transition　　**4** vacancy

（2022年度第1回 (4)）

解説

空所の後ろを見ると、Most hotels quickly get fully booked.（ほとんどのホテルはすぐに予約が埋まる。）とあるので、空所を含む部分を（空きがあるホテルを見つけることはほとんど不可能である）という意味にすれば文意に合います。最も適切なのは **4** vacancy「空き」です。それぞれの選択肢の意味は **1** sprain「ねん挫」　**2** segment「部分、区切り」　**3** transition「移り変わり」です。

解答　**4**

日本語訳

街で大きなビジネス会議が開催される際、**空き**があるホテルを見つけることはほとんど不可能です。ほとんどのホテルはすぐに予約が埋まります。

1 ねん挫　　**2** 部分　　**3** 移り変わり　　**4** 空き

〖 例題3 〗

Last year, Harold spent all his money buying shares in various companies. He was
(　　　　　　) the stock market performing well over the next few years.

1 casting away　　**2** putting down　　**3** stepping up　　**4** betting on

（2022年度第1回 (25)）

解説

空所の前を見ると、Harold spent all his money buying shares in various companies（ハロルドは自身の全財産をさまざまな企業の株式購入に費やした）とあり、空所を含む部分を「株式市場が次の数年間で好調に推移することに賭けていた」という意味にすれば意味が通ります。最も適切なのは **4** betting on「～に賭ける」です。それぞれの選択肢の意味は **1** cast away「捨てる、取り除く」　**2** put down「記帳する、鎮める」　**3** step up「増大させる、向上する」です。

筆記 1 では熟語の知識を問う問題や会話形式になっている問題も出題されます。

解答　**4**

日本語訳

昨年、ハロルドは自身の全財産をさまざまな企業の株式購入に費やしました。彼は株式市場が次の数年間で好調に推移することに**賭けて**いました。

1 捨てる　　**2** 記帳する　　**3** 増大させる　　**4** 賭ける

トレーニング問題

> 短文の語句空所補充問題にチャレンジしましょう。問題文を読む際は空所の前後に注目しましょう。

☐ (1) A: Why do you want to move? Your apartment is so nice.
B: I need somewhere more (　　　　　). This place is too small for all my possessions.

    1 tragic　　**2** legible　　**3** tentative　　**4** spacious

(2021年度第2回（2））

☐ (2) Jocelyn always reminded her son not to tell lies. She believed it was important to (　　　　　) a strong sense of honesty in him.

    1 remodel　　**2** stumble　　**3** overlap　　**4** instill

(2022年度第2回（2））

☐ (3) The novelist likes to work in (　　　　　). She says she can only write well when she is in her country house, which is located in an area with no people around.

    1 solitude　　**2** corruption　　**3** excess　　**4** consent

(2022年度第3回（13））

☐ (4) All of Brad's hard work and long hours (　　　　　) when his boss gave him a promotion last month.

    1 paid off　　**2** wrote back　　**3** chopped up　　**4** made over

(2022年度第2回（22））

☐ (5) The injured soccer player watched (　　　　　) as his replacement played in the final game. He had really wanted to continue playing.

    1 substantially　　**2** previously　　**3** enviously　　**4** relevantly

(2022年度第1回（10））

☐ (6) The writer edited his essay for (　　　　　), making an extra effort to improve the parts where his writing was difficult to understand.

    1 clarity　　**2** appetite　　**3** shelter　　**4** preference

(2021年度第2回（10））

Theme
1

Theme
2

Theme
3

Theme
4

Theme
5

Theme
6

Theme
7

Theme
8

Theme
9

Theme
10

Theme
11

Theme
12

☐ (7)　As a way of attracting more (　　　　　　) customers, the perfume company began advertising its products in magazines read mainly by wealthy people.

1 theatrical　　**2** brutal　　**3** frantic　　**4** affluent

（2022年度第1回（8））

☐ (8)　When Bert and Eva were asked how they have been able to (　　　　　　) their relationship for 40 years, they said the key is to always communicate honestly with each other.

1 dispatch　　**2** mistrust　　**3** impair　　**4** sustain

（2021年度第2回（16））

☐ (9)　The architect was famous for designing buildings in a (　　　　　　) style. He wanted his designs to reflect current social and cultural trends.

1 preceding　　**2** simultaneous　　**3** plentiful　　**4** contemporary

（2022年度第3回（17））

☐ (10)　After the two companies (　　　　　　), several senior employees became unnecessary and lost their jobs.

1 merged　　**2** posed　　**3** conformed　　**4** flocked

（2022年度第2回（12））

☐ (11)　The police questioned (　　　　　　) at the scene of the crime, hoping someone who had been nearby had seen what happened.

1 bystanders　　**2** reformers　　**3** mourners　　**4** pioneers

（2022年度第2回（15））

☐ (12)　Each member of the team has a job to do for the new project, but the responsibility for coordinating all of their efforts (　　　　　　) the manager.

1 falls on　　**2** squares with　　**3** drops by　　**4** stacks up

（2022年度第2回（24））

(1) **解答** 4

日本語訳 Ａ：なぜ引っ越したいんですか？　あなたのアパートはとても素敵なのに。
Ｂ：もっと広い場所が必要なんです。この場所では私の持ち物をすべて置くのには小さすぎるんです。
1 悲劇的な　2 読み取れる　3 仮の　4 広い

解説 空所の後ろに、This place is too small for all my possessions.「この場所では私の持ち物をすべて置くには小さすぎる」とあるので、「もっと（　　）場所が必要」には 4 spacious「広い」が入ります。

(2) **解答** 4

日本語訳 ジョセリンはいつも息子に嘘をつかないように念をおしていました。彼女は彼に強い誠実さの感覚を植え付けることが重要だと信じていました。
1 改造する　2 つまずく　3 覆う　4 植え付ける

解説 空所の前の文に、Jocelyn always reminded her son not to tell lies.「ジョセリンはいつも息子に嘘をつかないように念をおしていた」とあるので、「彼に強い誠実さの感覚を（　　）ことが重要だと信じていた」には、4 instill「注ぎ込む、浸透させる、植え付ける」が入ります。instill *A* in (into) *B*「ＡをＢに浸透させる、注ぎ込む」は頻出です。

(3) **解答** 1

日本語訳 その小説家は独りで働くのが好きです。彼女は自分の田舎の家、人のいない地域に位置しているその家にいるときだけ、良い文章を書けると言っています。　1 独り　2 堕落　3 過剰　4 同意

解説 空所の後ろに、she can only write well when she is in her country house, which is located in an area with no people around「彼女は自分の田舎の家、人のいない地域に位置しているその家にいるときだけ、良い文章を書ける」とあるので、「（　　）で働くのが好き」には 1 solitude「独り、人里離れていること」が入ります。in solitude「独りで」という表現でよく使われます。

(4) **解答** 1

日本語訳 ブラッドの辛い努力と長時間の労働が実を結び、先月彼の上司が昇進させてくれた。
1 うまくいった　2 返事を書いた　3 細かく切った　4 作り直した

解説 空所の後ろに、when his boss gave him a promotion last month「先月彼の上司が昇進させてくれたとき」とあるので、「ブラッドの辛い努力と長時間労働が（　　）」には 1 paid off「うまくいく、良い結果を生む」が入ります。My efforts paid off.「私の努力が実った」という形でよく使われます。

(5) **解答** 3

日本語訳 ケガをしたサッカー選手は、彼の代わりの選手が決勝戦で活躍しているので羨ましそうに見ていました。彼は本当にプレーを続けたかったのです。
1 大体は　2 前もって　3 羨ましそうに　4 関連して

解説 空所の後ろに、as his replacement played in the final game「彼の代わりの選手が決勝戦で活躍しているので」とあるので、「ケガをしたサッカー選手は（　　）見ていた」には 3 enviously「羨ましそうに」が入ります。

(6) **解答** 1

日本語訳 その作家は、エッセイを明瞭にするために編集し、自分の文章で理解しにくい部分を改善するためにさらなる努力をした。
1 明瞭さ　2 食欲　3 避難所　4 好み

解説 空所の後ろに、making an extra effort to improve the parts where his writing was difficult to understand「自分の文章で理解しにくい部分を改善するためにさらなる努力をした」とあるので、「その作家は（　　）のためにエッセイを編集した」には 1 clarity「明瞭さ」が入ります。

(7) **解答** 4

---

vocabulary

□ possession「所有物」

□ remind 人 to *do*「人に～するよう念をおす」
□ honesty「誠実さ」

□ novelist「小説家」
□ *be* located in ～「～に位置する」

□ promotion「昇進」

□ injured「ケガをした」
□ replacement「代わり、代替」

□ edit「～を編集する」
□ extra「さらなる、余計な」
□ improve「～を改善する」

□ attract「～をひきつける、魅了する」

Theme 1
Theme 2
Theme 3
Theme 4
Theme 5
Theme 6
Theme 7
Theme 8
Theme 9
Theme 10
Theme 11
Theme 12

日本語訳 より多くの**裕福な**顧客を引き寄せる手段として、その香水会社は、主に裕福な人々によって読まれる雑誌で自社製品を宣伝し始めました。
1 芝居じみた　2 残虐な　3 取り乱した　4 裕福な

解説 空所の後ろの部分に、began advertising its products in magazines read mainly by wealthy people「主に裕福な人々によって読まれる雑誌で自社製品を宣伝し始めた」とあるので、「より多くの（　　）顧客を引き寄せる手段として」には 4 affluent「裕福な」が入ります。**rich = affluent = wealthy** は同義語としてよく言い換えられるので覚えておきましょう。

---

(8) **解答** 4

日本語訳 バートとエヴァがどうやって40年間関係を**保つ**ことができているのかについて尋ねられた際、カギとなるのは常にお互い誠実に話し合うことだと彼らは述べました。
1 派遣する　2 疑う　3 弱める　4 保つ

解説 空所の後ろに、the key is to always communicate honestly with each other「カギとなるのは常にお互い誠実に話し合うことだ」とあるので、「彼らがどうやって40年間関係を（　　）ことができているのかについて尋ねられた」には 4 sustain「保つ」が入ります。**maintain**「維持する」、**retain**「保持する」なども一緒に覚えておきましょう。

---

(9) **解答** 4

日本語訳 その建築家は、**現代の**やり方で建物をデザインすることで有名でした。彼は自分のデザインが現在の社会的・文化的な傾向を反映するようにしたかったのです。　1 前の　2 同時の　3 豊富な　4 現代の

解説 空所の後ろに、He wanted his designs to reflect current social and cultural trends.「彼は自分のデザインが現在の社会的・文化的な傾向を反映するようにしたかった」とあるので、「（　　）やり方で建物をデザインすることで有名であった」には、4 contemporary「現代の」が入ります。

---

(10) **解答** 1

日本語訳 2つの会社が**合併した**後、何人かの高齢の従業員は不必要となり、職をなくしました。　1 合併した　2 ポーズを取った　3 従った　4 集まった

解説 空所の後ろに、several senior employees became unnecessary and lost their jobs「何人かの高齢の従業員は不必要となり、職をなくした」とあるので、「2つの会社が（　　）後」には、1 merged「合併した」が入ります。M＆Aは **Mergers and Acquisitions**「合併買収」の略です。

---

(11) **解答** 1

日本語訳 近くにいた人が何が起こったかを目撃していたことを願いながら、警察は犯罪現場の**見物人**に尋問を行いました。
1 見物人　2 改革者　3 会葬者　4 開拓者

解説 空所の後ろに、hoping someone who had been nearby had seen what happened「近くにいた人が何が起こったかを目撃していたことを願いながら」とあるので、「犯罪現場にいる（　　）に尋問を行った」には言い換えている 1 bystanders「見物人」が入ります。

---

(12) **解答** 1

日本語訳 新しいプロジェクトのためにするべき仕事がそれぞれのチームメンバーにありますが、彼らのすべての取り組みをまとめる責任はマネージャーにかかっています。
1 ふりかかる　2 一致する　3 立ち寄る　4 積み重ねる

解説 空所を含む節の最初にbutがあるので、前と逆の意味にすることがわかります。空所の前は、Each member of the team has a job to do for the new project「新しいプロジェクトのためにするべき仕事がそれぞれのチームメンバーにある」とあるので、後半の「彼らのすべての取り組みをまとめる責任はマネージャーに（　　）」には、逆の意味になると考えられるので、1 falls on「（責任などが）〜にふりかかる」が入ります。

□ **perfume**「香水」
□ **advertise**「〜を宣伝する」
□ **wealthy**「裕福な」

□ **relationship**「関係」
□ **honestly**「正直に、誠実に」

□ **architect**「建築家」
□ **reflect**「〜を反映する」
□ **trend**「傾向」

□ **unnecessary**「不必要な」

□ **crime**「犯罪」

□ **responsibility**「責任」
□ **coordinate**「〜を調整する」
□ **effort**「努力」

長文の語句空所補充問題をおさえよう！

Point① 準1級の長文の語句空所補充問題はどんな問題？

○250字程度のパッセージ中の空所にあてはまる、最適な選択肢を選ぶ問題。

○長文の数：2つ

○問題数：6問（1つの長文に対し、設問数は3問）

Point② 準1級の長文の語句空所補充問題の攻略方法とは？

○空所部分の前後の文脈で判断する

　どの選択肢も文法上は空所に入れることができます。そのため、文法の観点から判断するのではなく、空所の前後の文脈をもとに答えを1つに絞る必要があります。

　早速、次の例題に取り組んでみましょう。

Donor Premiums

　In recent years, it has become common for charities to give donor premiums — small gifts such as coffee mugs — to people who donate money to them. Many charities offer them, and it is widely believed that people give more when they receive donor premiums. However, researchers say that donor premiums tend to (**A**). Most people initially give money because they want to make the world a better place or help those who are less fortunate. When they receive gifts, though, people can start to become motivated by selfishness and desire. In fact, they may become less likely to donate in the future.

　There may, however, be ways to avoid this problem. Research has shown that telling people they will receive gifts after making donations is not the best way to ensure they will contribute in the future. In one study, donors responded better to receiving gifts when they did not expect them. (**B**), future donations from such people increased by up to 75 percent. On the other hand, donors who knew that they would receive a gift after their donation did not value the gift highly, regardless of what it was.

　Donor premiums may also have indirect benefits. Experts say gifts can (**C**). Items such as fancy shopping bags with charity logos, for example, signal that a donor is part of an exclusive group. Such gifts not only keep donors satisfied but also increase the general public's awareness of charities.

（**A**）

1 use up charities' resources

2 change donors' attitudes

3 encourage people to donate more

4 improve the public's image of charities

(B)
1 Instead **2** Nevertheless **3** In contrast **4** Furthermore

(C)
1 help promote charities **2** easily be copied
3 have undesirable effects **4** cause confusion among donors （2021年度第3回）

解説

（A）
空所を含む文の最初に**However**があることに注目しましょう。前文に it is widely believed that people give more when they receive donor premiums「寄付者特典を受け取ると人々はもっと寄付をすると広く考えられている」とあるので、これとは反対の意味になると考えます。そして、空所の後ろを見てみると、Most people initially give money because they want to make the world a better place or help those who are less fortunate. When they receive gifts, though, people can start to become motivated by selfishness and desire.「ほとんどの人々が最初にお金を寄付するのは、世界をより良い場所にしたい、あるいは恵まれない人々を助けたいという理由からだ。しかし、贈り物を受け取ると、人々は自己中心さと欲望に動機づけられるようになる可能性がある」とあるので、最初は善良な気持ちで他者のために行うものの、途中から利己的になっていく可能性があることがわかります。よって、空所には **2** change donors' attitudes を入れて「寄付者特典は寄付者の態度を変える傾向にある」とすれば文意に合います。

（B）
副詞や接続詞を入れる問題は、必ず前後関係を意識してください。特にプラスの見解かマイナスの見解かを意識すると解きやすくなります。空所の前の文には In one study, donors responded better to receiving gifts when they did not expect them.「ある研究では、寄付者は贈り物を期待していないときに、贈り物を受けることにより良い反応を示した」とあり、空所を含む文には、future donations from such people increased by up to 75 percent「このような人々からの将来的な寄付は最大で75％増加した」とあり、前文も空所を含む文もプラスの内容を2つ挙げているので、添加を表す **4** Furthermore「さらに」が入ります。

Key

接続副詞

文と文との論理関係を示す接続副詞は頻出です。必ず意味をおさえておきましょう。
接続副詞はスピーキングやライティングでも使えます。

① 因果関係 **therefore**, **thus**

② 例 **for example**, **for instance**

③ 添加 **also**, **in addition**, **additionally**, **moreover**, **furthermore**

④ 逆接 **however**, **still**, **nevertheless**, **nonetheless**, **on the other hand**

⑤ 対比 **in / by contrast**

⑥ その他 **otherwise**（さもないと）, **alternatively**（代わりに）, **instead**（代わりに・そうではなく）

（**C**）

空所の前を見ると、Donor premiums may also have indirect benefits.「寄付者特典には間接的な利点もあるかもしれない」とあるので、空所には利点の内容が入ることがわかります。そして、空所の後ろの文には、Items such as fancy shopping bags with charity logos, for example, signal that a donor is part of an exclusive group.「例えば、チャリティロゴのついた高級なショッピングバッグなどの品物は、寄付者が上流のグループの一員であることを示している」とあり、また最後の文に increase the general public's awareness of charities「一般の人々のチャリティ団体に対する意識を高める」とあります。よって、寄付者特典を持っていると、多くの人が見る機会の増加につながっていることがわかるので、空所には **1** help promote charities を入れて、「贈り物はチャリティを促進するのに役立つ」とすれば、文意に合います。

解　答 （A）**2**　（B）**4**　（C）**1**

日本語訳

寄付者特典

　近年、チャリティ団体が寄付金を提供する人々にコーヒーマグカップなどの小さな贈り物、寄付者特典を与えることが一般的になっています。多くのチャリティ団体がこれらを提供しており、寄付者特典を受け取ると人々はもっと寄付をすると広く考えられています。しかし、研究者は寄付者特典が寄付者の態度を変える傾向があると言っています。ほとんどの人々が最初にお金を寄付するのは、世界をより良い場所にしたい、あるいは恵まれない人々を助けたいという理由からです。しかし、贈り物を受け取ると、人々は自己中心さと欲望に動機づけられるようになる可能性があります。実際、彼らは将来的には寄付する可能性が低くなっていくかもしれません。

　しかしこの問題を避ける方法があるかもしれません。研究によれば、寄付後に贈り物を受けるという話をすることは、将来的な寄付を確保するための最善の方法ではないことが示されています。ある研究では、寄付者は贈り物を期待していないときに、贈り物を受けることにより、より良い反応を示しました。さらに、このような人々からの将来的な寄付は最大で75%増加しました。一方、自分の寄付後に贈り物を受けることがわかっている寄付者は、贈り物の内容に関係なく、贈り物の価値を高く評価しませんでした。

　寄付者特典には間接的な利点もあるかもしれません。専門家によれば、贈り物はチャリティを促進するのに役立つ可能性があるとのことです。例えば、チャリティロゴのついた高級なショッピングバッグなどの品物は、寄付者が上流のグループの一員であることを示しています。こうした贈り物は寄付者を満足させるだけでなく、一般の人々のチャリティに対する意識を高めることになります。

(A)
1 チャリティの資源を使い果たす
2 寄付者の態度を変える
3 人々にもっと寄付することを奨励する
4 チャリティのイメージを向上させる

(B)
1 代わりに
2 それにもかかわらず
3 対照的に
4 さらに

(C)
1 チャリティを促進するのに役立つ
2 簡単に模倣される
3 望ましくない影響をもたらす
4 寄付者の間で混乱を引き起こす

vocabulary

- □ **common**「ありふれた」
- □ **mug**「マグカップ」
- □ **widely**「広く」
- □ **initially**「最初は」
- □ **selfishness**「自己中心」
- □ **donation**「寄付」
- □ **contribute**「寄付する、貢献する」
- □ **regardless of ～**「～に関係なく」
- □ **expert**「専門家」
- □ **signal**「～を示す」
- □ **awareness**「意識」
- □ **resource**「資源」
- □ **promote**「～を促進する」
- □ **confusion**「混乱、困惑」

- □ **charity**「チャリティ団体、慈善」
- □ **donate**「～を寄付する」
- □ **tend to** *do*「～する傾向にある」
- □ **fortunate**「運がいい」
- □ *be* **likely to** *do*「～する可能性がある」
- □ **ensure**「～を確かなものにする」
- □ **value**「～を価値づける」
- □ **indirect**「間接的な」
- □ **fancy**「高級な」
- □ **exclusive**「上流の」
- □ **use up ～**「～を使い果たす」
- □ **attitude**「態度」
- □ **undesirable**「望まない」

筆記2のポイントは「文法の観点でなく、空所の前後の文脈をもとに判断する」ことでしたね。
次ページからはこのことをふまえてトレーニング問題に取り組んでみましょう。

トレーニング問題

2問のトレーニング問題にチャレンジしてみましょう。空所に入る語句を考える際には、空所の前後の文脈を判断することを意識しましょう。

■(1)

The Thing

After spending nearly a decade on a museum shelf in Chile, a mysterious fossil known as "The Thing" has finally been identified. Researchers now believe it is a 66-million-year-old soft-shelled egg and that it probably contained a mosasaur, a large aquatic reptile that existed around the same time as dinosaurs. Previous fossil evidence had suggested that mosasaurs (　**A**　). The researchers' findings challenge this idea, however, and the researchers say the fossil's size and the fact that it was discovered in an area where mosasaur fossils have been found support their conclusion.

Although the researchers are excited to have identified The Thing, it has opened a new debate. One theory suggests mosasaurs would have laid their eggs in open water, with the young hatching almost immediately. (　**B**　), some scientists believe the mosasaurs would have laid their eggs on the beach and buried them, much like some modern reptiles do. Further research, it is hoped, will reveal which of these is correct.

Another group of researchers from the United States has shed additional light on the eggs of prehistoric creatures after taking a closer look at previously discovered fossils of baby dinosaurs. It was believed that dinosaurs produced hard-shelled eggs, but the fossils on which this assumption was based represent a limited number of dinosaur species. Through their analysis, the US researchers discovered evidence that suggests the eggs of early dinosaurs were, in fact, soft-shelled. If true, this could explain why (　**C**　). Since softer materials break down easily, they are much less likely to be preserved in the fossil record.

(A)

1 were likely hunted by dinosaurs

2 relied on eggs for food

3 did not lay eggs

4 may not have existed with dinosaurs

(B)

1 Likewise　**2** On the other hand　**3** As a result　**4** For example

(C)

1 few dinosaur eggs have been found

2 there are not more dinosaur species

3 some dinosaurs were unable to produce eggs

4 dinosaur babies often did not survive

（2023年度第1回）

(1) 日本語訳　　　　　　　　　　　ザ・シング

　　　チリの博物館の棚で約10年間過ごした後、「ザ・シング」として知られる謎の化石がついに特定されました。研究者たちは現在、これが約6,600万年前の軟らかい殻の卵であり、おそらく恐竜と同じ時代に存在した大型の水生爬虫類であるモサザウルスを含んでいたと考えています。以前の化石の証拠は、モサザウルスが卵を産まなかったことを示唆していました。しかし、研究者たちの調査結果はこれに異議を唱え、その化石が発見された場所がモサザウルスの化石が見つかった地域であるという事実と化石の大きさが彼らの結論を支持していると言います。

　　　研究者たちは「ザ・シング」の特定にわくわくしていますが、新たな議論が巻き起こっています。ある理論では、モサザウルスは開水域に卵を産んでおり、幼体はほとんどすぐに孵化したとされています。一方、一部の科学者は、モサザウルスは現代のいくつかの爬虫類がまさに行うように卵を浜辺に産み、埋めていたと考えています。今後の研究によって、どちらの理論が正しいのかが明らかになることが期待されています。

　　　アメリカの別の研究グループは、以前に発見された恐竜の赤ちゃんの化石を詳しく調査した後、先史時代の生物の卵に関してさらなる解明をしました。これまで恐竜は硬い殻の卵を産むと信じられてきましたが、この想定のもとになった化石は限定された種類の恐竜だけでした。アメリカの研究者たちは、彼らの分析を通じて、初期の恐竜の卵は実際には軟らかい殻を持っていたと示唆する証拠を発見しました。もしこれが真実であるなら、ほとんどの恐竜の卵が見つかっていない理由が説明されるかもしれません。軟らかい物質は容易に分解するため、化石記録に保存される可能性がずっと低いのです。

(1)–A

解答　**3**

選択肢の訳

1 恐竜によっておそらく狩られた
2 食べ物を卵に頼っていた
3 卵を産まなかった
4 恐竜と同時に存在しなかった可能性がある

解説　空所の後ろ、The researchers' findings challenge this idea, however,「しかし、研究者たちの調査結果はこれに異議を唱え」とあり、this ideaが空所を含む文の内容になるとわかります。また、this ideaとは昔の考えであり、今とは逆の考えになります。現在の科学者の見解はnowがヒントとなる第1段落2文目にResearchers now believe it is a 66-million-year-old soft-shelled egg「研究者たちは現在、これが約6,600万年前の軟らかい殻の卵であると考えている」とあり、現在は化石が卵だとわかっている、つまり、昔は卵が化石であると思われていなかったことがわかります。よって**3** did not lay eggs「卵を産まなかった」を入れ、昔の見解をつくれば、文意に合います。

(1)–B

解答　**2**

選択肢の訳

1 同様に
2 一方で
3 その結果として
4 例えば

解説　空所の前には、One theory suggests mosasaurs would have laid their eggs in open water「ある理論では、モサザウルスは開水域に卵を産んでおり」とあります。そして、空所の後ろを見ると、some scientists believe the mosasaurs would have laid their eggs on the beach and buried them「一部の科学者は、モサザウルスは卵を浜辺に産み、埋めていたと考えている」とあるので、比較すると違った意見が並んでいることがわかります。よって、空所には**2** On the other hand「一方で」という対比を示す語句を入れれば文意に合います。

vocabulary

□ **decade**「10年間」

□ **mysterious**「謎の、神秘的な」

□ **identify**「～を特定する」

□ **contain**「～を含む」

□ **aquatic**「水生の」

□ **reptile**「爬虫類」

□ **exist**「存在する」

□ **previous**「以前の」

□ **evidence**「証拠」

□ **challenge**「～に異を唱える」

□ **conclusion**「結論」

□ **debate**「議論」

□ **lay**「(卵)を産む、～を横にする」

□ **hatch**「孵化する」

□ **immediately**「すぐに」

□ **bury**「～を埋める」

□ **reveal**「～を明らかにする」

□ **shed light on ～**「～を解明する」

□ **prehistoric**「先史時代の」

□ **assumption**「仮定、想定」

□ *be* **based on ～**「～に基づいている」

□ **represent**「～を表す」

□ **species**「種類」

□ **analysis**「分析」

□ **preserve**「～を保護する」

□ **rely on ～**「～に頼る」

(1)–C

選択肢の訳

1 ほとんどの恐竜の卵が見つかっていない

2 より多くの恐竜の種類は存在しない

3 一部の恐竜は卵を産むことができなかった

4 恐竜の赤ちゃんはしばしば生きていけなかった

解説　空所の前に、the US researchers discovered evidence that suggests the eggs of early dinosaurs were, in fact, soft-shelled「アメリカの研究者たちは、初期の恐竜の卵は実際には軟らかい殻を持っていたと示唆する証拠を発見した」とあり、空所の後ろに Since softer materials break down easily, they are much less likely to be preserved in the fossil record.「軟らかい物質は容易に分解するため、化石記録に保存される可能性がずっと低い」とあります。したがって、初期の恐竜の卵は軟らかい殻を持っていたため、壊れてしまっていて見つかっていない可能性が高いということがわかります。よって、空所には **1** few dinosaur eggs have been found「ほとんどの恐竜の卵が見つかっていない」を入れれば文意に合います。

もう1問、
取り組んでみよう。

Nabta Playa's Stone Circle

Many prehistoric societies constructed stone circles. These were created for various reasons, such as tracking the sun's movement. The oldest such circle known to scientists can be found at Nabta Playa in Egypt. At around 7,000 years old, this circle predates England's Stonehenge — probably the world's best-known prehistoric stone circle — by more than 1,000 years. Nabta Playa's climate is extremely dry today, but this was not always the case. (**A**), heavy seasonal rainfall during the period when the circle was built led to the formation of temporary lakes, and these attracted cattle-grazing tribes to the area.

Nabta Playa's first settlers arrived around 10,000 years ago. Archaeologists have uncovered evidence that these settlers created a system of deep wells that gave them access to water year-round, and that they arranged their homes in straight rows and equipped them with storage spaces. They also practiced a religion that focused on the worship of cattle, which were central to their lives. These discoveries are evidence that the settlers (**B**).

Research findings show that some of the circle's stones would have lined up with the sun on the longest day of the year around 7,000 years ago. This suggests the circle was used as a calendar. One astrophysicist, however, believes the circle (**C**). He points out that the positions of other stones match those of stars in the constellation Orion at the time the circle was built. Because of this, he proposes that the circle was an astrological map showing the positions of stars in the night sky.

(A)

1 On the other hand   **2** In fact   **3** Despite this   **4** Similarly

(B)

1 questioned religious ideas

2 lost interest in raising cattle

3 experienced serious internal conflicts

4 developed a sophisticated society

(C)

1 also had another purpose

2 was created much earlier

3 was originally built elsewhere

4 caused people to avoid the area

(2022年度第2回)

(2) 日本語訳　　　　　　　　　　　　　　　ナプタ・プラヤのストーンサークル

vocabulary

多くの先史時代の社会がストーンサークルを建設しました。これらは、太陽の動きを追跡するなど、さまざまな理由で作られました。科学者に知られている最も古いストーンサークルは、エジプトのナプタ・プラヤに存在しています。約7,000年前に建てられたこのサークルは、おそらく世界で最もよく知られている先史時代のストーンサークルであるイングランドのストーンヘンジよりも1,000年以上も前のものです。ナプタ・プラヤの気候は今日非常に乾燥していますが、ずっとそうだったわけではありませんでした。実際、サークルが建設された時期には季節ごとの豪雨があり、これによって一時的な湖が形成され、牧畜民族をこの地域に引き寄せました。

ナプタ・プラヤの最初の入植者は約10,000年前に到着しました。考古学者は、これらの入植者が一年中水を利用できる深い井戸のシステムを作り、自分たちの家を直線的な列の配置にし、家に収納スペースを設けたという証拠を発見しました。また、彼らは牛の崇拝を中心とする宗教を行っていました。なぜなら、牛は彼らの生活の中心だったからです。これらの発見は、入植者が洗練された社会を築き上げたことを示しています。

研究結果によると、サークルの一部の石は約7,000年前の、一年で最も長い日に太陽の動きと一致するように並んでいたとされています。これは、このサークルがカレンダーとして使用されたことを示唆しています。しかし、ある天体物理学者は、このサークルには別の目的もあったと考えています。彼は、他の石の位置が、サークルが建設されたときのオリオン座の星々の位置と一致していることを指摘しています。このため、彼はこのサークルが夜空の星々の位置を示す占星地図であったと示唆しています。

(2)–A

解答 2

選択肢の訳
1 一方で
2 実際に
3 それにもかかわらず
4 同様に

解説 空所の前にNabta Playa's climate is extremely dry today, but this was not always the case.「ナプタ・プラヤの気候は今日非常に乾燥しているが、ずっとそうだったわけではない」とあり、空所の後ろには、heavy seasonal rainfall during the period when the circle was built led to the formation of temporary lakes「サークルが建設された時期には季節ごとの豪雨があり、これによって一時的な湖が形成された」とあるので、ここでは具体的な内容を示していることがわかります。よって、空所には **2** In fact「実際に」を入れれば文意に合います。

(2)–B

解答 4

選択肢の訳
1 宗教的な考えを疑問視した
2 牛の飼育に対する興味を失った
3 深刻な内部紛争を経験した
4 洗練された社会を築き上げた

解説 空所を含む文にThese discoveriesとあるので、この内容を探していきます。2文前を見ると、Archaeologists have uncovered evidence「考古学者が証拠を発見した」とあるので、discoveriesがuncoverの言い換えになっており、evidenceの内容をつかめば良いとわかります。続けて① settlers created a system of deep wells that gave them access to water year-round「入植者が一年中水を利用できる深い井戸のシステムを作り」　② they arranged their homes in straight rows and equipped them with storage spaces「自分たちの家を直線的な列の配置にし、家に収納スペースを設けた」③ They also practiced a religion that focused on the worship of cattle「彼らは牛の崇拝を中心とする宗教を行った」と3つ述べられています。よって、これらから、居住者たちが社会形成をしていることがわかるので、空所には **4** developed a sophisticated society「洗練された社会を築き上げた」を入れれば文意に合います。

□ **construct**「〜を建設する」
□ **track**「〜を追跡する」
□ **predate**「〜に先行する」
□ **extremely**「とても」
□ **formation**「形成」
□ **archaeologist**「考古学者」
□ **uncover**「〜を発見する」
□ **well**「井戸」
□ **row**「列」
□ **equip A with B**「AにBを取り付ける」
□ **worship**「崇拝」
□ **line up**「列で並ぶ」
□ **astrophysicist**「天体物理学者」
□ **constellation**「星座」
□ **astrological**「占星の」
□ **internal**「内部の」
□ **sophisticated**「洗練された」

Theme 1
Theme 2
Theme 3
Theme 4
Theme 5
Theme 6
Theme 7
Theme 8
Theme 9
Theme 10
Theme 11
Theme 12

(2)−C

解 答 1

選択肢の訳

1 他の目的もあった
2 はるかに早く作られた
3 元々は他の場所に建てられた
4 人々がその地域を避ける原因となった

解 説 空所を含む文にhoweverがあるので、前の文とは逆の意味を表すものが入ることがわかります。前文ではthe circle was used as a calendar「サークルはカレンダーとして使用された」とあり、空所の後ろはHe points out that the positions of other stones match those of stars in the constellation Orion at the time the circle was built.「彼は、他の石の位置が、サークルが建設されたときのオリオン座の星々の位置と一致していることを指摘している」とあり、またthe circle was an astrological map showing the positions of stars「このサークルが星々の位置を示す占星地図であった」とあるので、カレンダーの役割だけでなく、星の位置を知るための役割も果たしていたと考えられます。よって、空所には **1** also had another purpose「他の目的もあった」を入れれば文意に合います。

> 正解の選択肢がわからなくても消去法で答えを出すことも可能です。

Theme 12

●ポイント解説

長文の内容一致選択問題をおさえよう！

Point① 準1級の長文の内容一致選択問題はどんな問題？

○与えられたパッセージの内容と一致する選択肢を選ぶ問題。

○長文の数：2つ

 ＊1つ目の長文：3段落で400語程度、設問数は3問

 ＊2つ目の長文：4段落で500語程度、設問数は4問

 のように、長文によってやや分量が異なります。

○設問数：7問

Point② 準1級の長文の内容一致選択問題の攻略方法とは？

○言い換え表現を見抜く力をつけ、答えの根拠を見つける！

 本文中に出てきた表現は、**選択肢では別の表現に言い換えられていることが多い**です。そのため、言い換えられている表現が本文中のどの文にあたるかを見抜き、解答するための根拠を確実に見つけられるようにしましょう。

それでは早速、次の例題に取り組んでみましょう。

Richard III

In 2012, the body of Richard III, king of England from 1483 to 1485, was found beneath a parking lot in the English city of Leicester. Richard was the subject of one of William Shakespeare's most well-known plays and was one of England's most infamous rulers. He is commonly remembered as a physically disabled man who was desperate to become king and murdered his brother and two nephews in order to achieve his goal. Richard's reputation does not originate in Shakespeare's play, but further back, in Thomas More's *History of King Richard III*. Modern-day experts view many of the details in More's book as highly questionable, since they were written in support of the family that won the throne from Richard, but the book's portrayal of Richard as evil became the basis for the negative reputation of him that remains to this day.

The Richard III Society, formed in 1924 with the aim of researching the king's life, strongly disputes the common image of Richard. In the hope of restoring his reputation, the society helped sponsor the research that led to the discovery of his body, and some of the findings of the society and other researchers have been particularly eye-opening. According to analysis of the skeleton, it turns out that Richard's reported physical disabilities were largely a myth. In fact, some of the injuries observed on the bones suggest that Richard likely fought in battle, which supports historical reports that suggest he was a skilled soldier.

Debate continues, however, about how Richard became king and the things he did during his two years in power. The Richard III Society points to his notable social and political reforms and claims that he is innocent of the murders that were the source of his unfortunate reputation. However, while acknowledging that some of Richard's policies were beneficial, many historians believe he was far from a generous or caring king and may very well have committed cruel acts.

In the end, it is probably wisest to see Richard as a ruler who operated in a manner typical of the time in which he lived, and to realize that exactly how he came to power may not really matter that much. As Cardinal Vincent Nichols, archbishop of Westminster, explains, "In his day, political power was invariably won or maintained on the battlefield and only by ruthless determination, strong alliances and a willingness to employ the use of force."

(A)

What is one thing the passage says about Thomas More's *History of King Richard III*?

1 It is not reliable because it was influenced by the play that was written about Richard III by William Shakespeare.

2 It provided many important clues that helped researchers involved in the recent discovery of the body of Richard in Leicester.

3 It strongly influenced people's image and opinion of Richard despite some of the information in it likely being inaccurate.

4 It contains evidence that proves that Richard did not actually murder his brother and other family members.

(B)

As a result of analysis of Richard's body, it was learned that

1 he died in a way that was very different from that which people in the past believed to be the case.

2 not only was he mostly free from physical disabilities, but he may also have been a capable fighter.

3 the injuries he suffered in his final battle were serious, but they were probably not the cause of his death.

4 his physical appearance likely had a greater influence on people's impression of him than his ability as king.

(C)

Which of the following statements would the author of the passage most likely agree with?

1 It is a mistake to judge Richard's ability based only on the losses he suffered on the battlefield and not on the reforms he introduced.

2 The historians who claim that Richard knowingly carried out terrible acts are likely to be incorrect in their assessment of him.

3 The crimes that Richard committed while he was king greatly exceed the positive things he did for the country.

4 Richard was likely no better or worse as a ruler than other kings who ruled England in the distant past.

（2021年度第2回）

解説

(A)

設問を見ると本の名前が書かれています。第1段落4文目以降が本の話になっているので、それ以降を見ると、5文目に Modern-day experts view many of the details in More's book as highly questionable, since they were written in support of the family that won the throne from Richard, but the book's portrayal of

Richard as evil became the basis for the negative reputation of him that remains to this day. 「現代の専門家は、モアの本の多くの詳細をかなり疑問視している。なぜならそれはリチャードから王位を奪った家族を支持するために書かれたものだからだ。しかし、リチャードを悪として示したこの本の描写は、彼の否定的な評判の基盤となり、今日まで残っている」とあり、本の内容が疑わしく、リチャードに敵対した家族を支持する書き方になっており、悪者としてリチャードを描いていることで、そのイメージが今日まで残ってしまっていることがわかります。よってこれらをまとめている **3** It strongly influenced people's image and opinion of Richard despite some of the information in it likely being inaccurate. 「その中の情報の一部がおそらく不正確であるにもかかわらず、人々のリチャードに対するイメージと意見に強い影響を与えた」が正解になります。**1** は信頼できない理由はシェークスピアの劇ではないので不正解。**2** はリチャードの遺体の発見と本の関係性は述べられていないので不正解。**4** は殺人を行っていないことを本は示していないので不正解。

(B)

設問から、リチャードの遺体の分析結果を探せばよいとわかります。

分析結果が述べられているのは、第 2 段落 3 文目以降で、According to analysis of the skeleton, it turns out that Richard's reported physical disabilities were largely a myth. In fact, some of the injuries observed on the bones suggest that Richard likely fought in battle, which supports historical reports that suggest he was a skilled soldier. 「骨格の分析によれば、リチャードの報告されていた身体の障がいはほとんど神話であることが判明した。実際、骨に観察された一部のケガは、リチャードがおそらく戦闘に参加したことを示しており、彼が熟練した兵士であったという歴史的な報告を支持している」とあり、彼は身体障がいを患っておらず、むしろ熟練した兵士だったことがわかります。よって、**2** not only was he mostly free from physical disabilities, but he may also have been a capable fighter. 「彼はほとんど身体的障がいがないばかりか有能な戦士だった可能性がある」が正解であるとわかります。mostly = largely, a capable fighter = a skilled soldier などが言い換えだと気がつくと解きやすくなります。

1 は死に方が違ったとは述べられていないので不正解。**3** は彼が被ったケガの程度は述べられていないので不正解。**4** は彼の身体的な見た目と印象の関係性は述べられていないので不正解。

(C)

筆者が賛成していることを探していきます。

第 3 段落 4 文目に In the end, it is probably wisest to see Richard as a ruler who operated in a manner typical of the time in which he lived, and to realize that exactly how he came to power may not really matter that much. 「結局、リチャードを彼の時代における典型的な方法で行動した支配者とみなし、彼がどのようにして権力を握ったかは実際にはあまり重要ではないと考えるのがおそらく賢明だ」とあり、彼が生きていた時代においてはありきたりなやり方で統治しており、どうやって力を手に入れたかなどは重要でないことだと筆者は主張していることから、他の王たちよりも際立って何か良いところや悪いところがあったわけではないので、**4** Richard was likely no better or worse as a ruler than other kings who ruled England in the distant past. 「リチャードはおそらく、遠い過去にイングランドを統治した他の王たちと比べて支配者として優れていたわけでも劣っていたわけでもないだろう」が正解です。

1 は戦場の敗北に関しては述べられていないので、不正解。**2** は歴史家が間違っているとは述べていないので不正解。**3** は犯罪と貢献内容の優劣はつけられていないので不正解。

高校までで習ったことと比べ、語彙レベルは高くなりますが、きちんと読む力があれば確実に正解できます。単語力と精読力を高め、答えの根拠をきちんと見つけ、言い換え表現を見抜く力をつけるのが鉄則です。

解答 (A) 3　(B) 2　(C) 4

リチャード3世

2012年に、1483年から1485年までイングランドの王であったリチャード3世の遺体が、イングランドの都市レスターの駐車場の下で発見されました。リチャードはウィリアム・シェークスピアの最も有名な劇の1つの主題であり、イングランドで最も悪名高い支配者の1人でした。彼は身体的に障がいを持つ男性として一般的に知られており、王になるために必死で、その目標を達成するために兄弟と2人の甥を殺害したとされています。リチャードの評判はシェークスピアの劇からではなく、もっと以前、トマス・モアの『リチャード3世の物語』に由来します。現代の専門家は、モアの本の多くの詳細をかなり疑問視しています。なぜならそれはリチャードから王位を奪った家族を支持するために書かれたものだからです。しかし、リチャードを悪として示したこの本の描写は、彼の否定的な評判の基盤となり、今日まで残っています。

1924年に王の生涯を研究することを目的として設立されたリチャード3世協会はリチャードのありふれたイメージに異を唱えました。彼の評判を回復するために、彼の遺体の発見につながる研究の支援をしました。そして、協会と他の研究者の一部の調査結果は特に注目に値します。骨格の分析によれば、リチャードの報告されていた身体の障がいはほとんど神話であることが判明しました。実際、骨に観察された一部のケガは、リチャードがおそらく戦闘に参加したことを示しており、彼が熟練した兵士であったという歴史的な報告を支持しています。

しかし、リチャードがどのようにして王になり、彼が2年間権力を握っている間に何をしたのかについての議論は続いています。リチャード3世協会は、彼の著名な社会的および政治的改革を指摘し、彼の悪評判の元となった殺人の無実を主張しています。ただし、リチャードの政策の一部は有益であったと認めつつも、多くの歴史学者は彼が寛大で思いやりのある王からは程遠く、残酷な行為を行った可能性があると考えています。結局、リチャードを彼の時代における典型的な方法で行動した支配者と見なし、彼がどのようにして権力を握ったかは実際にはあまり重要ではないと考えるのがおそらく賢明です。ウェストミンスター大司教であるヴィンセント・ニコルズ枢機卿は、「彼の時代において政治的な力はいつも、非情な決意、強力な同盟、そして武力を進んで使うことによってのみ戦場で勝ち取られるか維持された」と説明しています。

(A)
上記の文章で、トマス・モアの『リチャード3世の物語』に関して述べられていることの1つはどれですか。
1 ウィリアム・シェークスピアによって書かれたリチャード3世に関する劇の影響を受けているため信頼性がない。
2 最近、レスターでリチャードの遺体を発見するのに関与した研究者に役立つ多くの重要な手がかりを提供した。
3 その中の情報の一部がおそらく不正確であるにもかかわらず、人々のリチャードに対するイメージと意見に強い影響を与えた。
4 リチャードが実際に兄弟や他の家族を殺害していないことを証明する証拠が含まれている。

(B)
リチャードの遺体の分析の結果、わかったのは、
1 彼は過去の人々が信じていた状況とは非常に異なる方法で死亡したということだ。
2 彼はほとんど身体的障がいがないばかりか有能な戦士だった可能性があるということだ。
3 彼が最後の戦闘で受けた傷は深刻だったが、おそらく死因ではなかったということだ。
4 彼の外見は彼の王としての能力よりも人々の印象に大きな影響を与えた可能性があるということだ。

(C)

次のうち、文章の著者がおそらく最も同意するであろう主張はどれですか。

1 リチャードの能力を彼が導入した改革ではなく戦場での敗北だけに基づいて判断するのは誤りである。

2 リチャードが悪行を故意に行ったと主張する歴史家たちは、彼の評価において誤っている可能性が高い。

3 リチャードが王であったときに犯した犯罪は、彼が国に貢献した良いことを大きく上回っている。

4 リチャードはおそらく、遠い過去にイングランドを統治した他の王たちと比べて支配者として優れていたわけでも劣っていたわけでもないだろう。

vocabulary

□ **beneath**「～の下で」
□ **disabled**「障がいのある」
□ **reputation**「評判」
□ **view A as B**「AをBとみなす」
□ **portrayal**「描写」
□ **restore**「～を回復する」
□ **notable**「著名な」
□ **acknowledge**「～を認める」
□ **cruel**「残虐な」
□ **invariably**「変わることなく」
□ **alliance**「同盟」

□ **infamous**「評判の悪い」
□ **desperate**「必死の」
□ **originate**「由来する」
□ **throne**「王座」
□ **dispute**「～に異議を唱える」
□ **myth**「神話」
□ **reform**「改革」
□ **generous**「寛容な」
□ **archbishop**「大司教」
□ **ruthless**「残酷な」

Theme 12 トレーニング問題

最後に5問の長文問題に取り組んでみましょう。
ここでは「言い換え表現」を見抜くことを特に意識しましょう。

■ (1)

Honey Fungus

The largest living organism on Earth is not a whale or other large animal. Rather, it belongs to the group of organisms which includes mushrooms and toadstools. It is a type of fungus commonly known as honey fungus, and its rootlike filaments spread underground throughout a huge area of forest in the US state of Oregon. DNA testing has confirmed that all the honey fungus in the area is from the same organism, and, based on its annual rate of growth, scientists estimate it could be over 8,000 years old. They also calculate that it would weigh around 35,000 tons if it were all gathered together.

As impressive as this honey fungus is, it poses a problem for many trees in the forest. The fungus infects the trees and absorbs nutrients from their roots and trunks, often eventually killing them. Unfortunately, affected trees are usually difficult to spot, as the fungus hides under their bark, and its filaments are only visible if the bark is removed. In the late fall, the fruiting bodies of the fungus appear on the outside of the trees, but only for a few weeks before winter. Although the trees attempt to resist the fungus, they usually lose the battle in the end because the fungus damages their roots, preventing water and nutrients from reaching their upper parts.

Full removal of the honey fungus in Oregon has been considered, but it would prove to be too costly and time-consuming. Another solution currently being researched is the planting of tree species that can resist the fungus. Some experts have suggested, however, that a change of perspective may be necessary. Rather than viewing the effects of the honey fungus in a negative light, people should consider it an example of nature taking its course. Dead trees will ultimately be recycled back into the soil, benefiting the area's ecosystem.

(A)

According to the passage, what is one thing that is true about the honey fungus in Oregon?

1 It is a combination of different mushroom species that started to grow together over time.

2 It grew slowly at first, but it has been expanding more rapidly in the last thousand years.

3 It shares the nutrients it collects with the trees and other types of plant life that it grows on.

4 It is a single organism that has spread throughout a wide area by growing and feeding on trees.

(B)

Honey fungus is difficult to find because

1 the mushrooms it produces change color depending on the type of tree that it grows on.

2 it is generally not visible, except when it produces fruiting bodies for a short time each year.

3 not only does it grow underground, but it also has an appearance that is like that of tree roots.

4 it is only able to survive in areas that have the specific weather conditions it needs to grow.

(C)

What do some experts think?

1 People should regard the honey fungus's effects on trees as a natural and beneficial process.

2 The only practical way to deal with the honey fungus is to invest more time and money in attempts to remove it.

3 Trees that have been infected by the honey fungus can be used to prevent it from spreading further.

4 The honey fungus can be harvested to provide people with an excellent source of nutrients.

(2022年度第 1 回)

（1）　**日本語訳**

ナラタケ

　　地球上で最大の生物は、クジラや他の大きな動物ではありません。むしろ、キノコやカラカサタケなどの有機体グループに属したものです。これは一般にナラタケとして知られる種類のキノコで、その根のような糸状体はアメリカのオレゴン州の森林の広大な地域の地中に広がっています。DNAテストによって、その地域のすべてのナラタケは同じ有機体から派生していることが確認され、成長の年間速度に基づいて、科学者はそれが8,000年以上の年齢である可能性があると推定しています。また、そのすべてが一緒に集められた場合、約35,000トンの重さになると彼らは計算しています。

　　このナラタケは印象的ですが、森林内の多くの木に問題を引き起こします。このキノコは木を感染させ、その根と幹から栄養を吸収し、最終的には木を殺すこともあります。残念ながら、影響を受けた木は通常見つけるのが難しいです。なぜなら、キノコは木の樹皮の下に隠れており、その糸状体は樹皮が剥がされない限りは見えないからです。秋の終わりには、キノコの子実体が木の外に現れますが、冬前の数週間のみです。木はこのキノコに対抗しようとしますが、たいてい最終的には屈してしまいます。なぜなら、キノコは木の根を傷つけ、水や栄養が上部に到達しないようにするからです。

　　オレゴン州でのナラタケの徹底的な撲滅が検討されていますが、それは費用と時間がかかりすぎるとされています。現在研究されている別の解決策は、キノコに抵抗できる種類の木を植えることです。しかし、一部の専門家は、視点を変えることが必要かもしれないと提案しています。ナラタケの影響を否定的な視点で見るのではなく、それを自然が本来の経過をたどる例と考えるべきです。枯れ木は最終的に土壌に戻り、地域の生態系に利益をもたらすでしょう。

(1)-A

解答　**4**

設問と選択肢の訳

　　文章によれば、オレゴン州のナラタケについて正しいとされる1つのことは次のうちどれですか。

　1 時間をかけて一緒に成長し始めた異なるキノコの種類の組み合わせである。
　2 最初はゆっくり成長したが、最後の千年間で急速に拡大した。
　3 集めた栄養を自らが育っている木や他の植物に分け与えている。
　4 広範な地域に広がった単一の有機体で、木に寄生して育ち、そこから栄養を得ている。

解説　第1段落3文目に its rootlike filaments spread underground throughout a huge area of forest in the US state of Oregon「その根のような糸状体はアメリカのオレゴン州の森林の広大な地域の地中に広がっている」とあり、糸状体が広いエリアに散らばっていることがわかります。第2段落2文目にThe fungus infects the trees and absorbs nutrients from their roots and trunks「このキノコは木を感染させ、その根と幹から栄養を吸収する」とあり、木から栄養素をもらっているので、これを言い換えている **4** It is a single organism that has spread throughout a wide area by growing and feeding on trees.「広範な地域に広がった単一の有機体で、木に寄生して育ち、そこから栄養を得ている」が正解です。

1 はナラタケがさまざまなキノコの組み合わせとは述べられていないので不正解。**2** は成長の速さが違うとは述べられていないので不正解。**3** は栄養を共有しているとは述べられていないので不正解。

(1)-B

解答　**2**

設問と選択肢の訳

　　ナラタケが見つけにくい理由は、

　1 それが生育する木の種類に応じて生産するキノコの色が変わるためである。
　2 それは一般的には見えず、毎年わずかな時間に子実体を生産するときにのみ見られるためである。

□ **organism**「生物、有機体」
□ **toadstool**「カラカサタケ」
□ **rootlike**「根のような」
□ **annual**「毎年の」
□ **as 形容詞 as S V**「SがVだが」
□ **infect**「〜を感染させる」
□ **absorb**「〜を吸収する」
□ **trunk**「幹」
□ **spot**「〜を見つける」
□ **bark**「樹皮」
□ **removal**「撲滅、除去」
□ **costly**「高価な」
□ **light**「視点」

3 地下で成長するだけでなく、それが木の根のような外見であるためである。

4 それの成長に必要な特定の気象条件を持つ地域でしか生存できないためである。

解説 第2段落3文目に設問でHoney fungus is difficult to find becauseに言い換えられたUnfortunately, affected trees are usually difficult to spot「残念ながら、影響を受けた木は通常見つけるのが難しい」があります。よって以降のthe fungus hides under their bark, and its filaments are only visible if the bark is removed. In the late fall, the fruiting bodies of the fungus appear on the outside of the trees, but only for a few weeks before winter.「キノコは木の樹皮の下に隠れており、その糸状体は樹皮が剥がされない限りは見えない。秋の終わりには、キノコの子実体が木の外に現れるが、冬前の数週間のみだ」が答えの根拠だとわかります。これを言い換えているのは **2** it is generally not visible, except when it produces fruiting bodies for a short time each year.「それは一般的には見えず、毎年わずかな時間に子実体を生産するときにのみ見られるためである」になります。

1 は色を変えているのが理由ではないので不正解。**3** は見た目が木の根のようだから見つけにくいわけではないので不正解。**4** は天候の話は出ていないので不正解。

(1)–C

解答 **1**

設問と選択肢の訳

一部の専門家は何を考えていますか。

1 人々はナラタケが木に及ぼす影響を自然で有益な過程と見るべきだ。

2 ナラタケに対処する唯一の実用的な方法は、より多くの時間とお金をかけて除去しようとすることだ。

3 ナラタケに感染した木は、それがさらに広がるのを防ぐために使用できる。

4 ナラタケは収穫されて、人々に優れた栄養源を提供することができる。

解説 第3段落3文目以降が専門家の意見になります。見方を変える必要があると述べており、4文目でRather than viewing the effects of the honey fungus in a negative light, people should consider it an example of nature taking its course. Dead trees will ultimately be recycled back into the soil, benefiting the area's ecosystem.「ナラタケの影響を否定的な視点で見るのではなく、それを自然が本来の経過をたどる例と考えるべきだ。枯れ木は最終的に土壌に戻り、地域の生態系に利益をもたらすだろう」とあるので、ナラタケをマイナスなものと考えずに、木が死んでしまったら、それをポジティブに使っていこうとする必要があると考えていることがわかります。よって正解は **1** People should regard the honey fungus's effects on trees as a natural and beneficial process.「人々はナラタケが木に及ぼす影響を自然で有益な過程と見るべきだ」です。

2 は第3段落1文目but以降で時間とお金の無駄と言っているので不正解。**3** はさらなる広まりを食い止めることができるとは述べられていないので不正解。**4** は人の栄養素になるとは述べられていないので不正解。

■ (2)

The Friends of Eddie Coyle

In 1970, American writer George V. Higgins published his first novel, *The Friends of Eddie Coyle*. This crime novel was inspired by the time Higgins spent working as a lawyer, during which he examined hours of police surveillance tapes and transcripts in connection with the cases he was involved in. What he heard and read was the everyday speech of ordinary criminals, which sounded nothing like the scripted lines of TV crime dramas at the time. Higgins learned how real criminals spoke, and their unique, often messy patterns of language provided the basis for *The Friends of Eddie Coyle*. The novel's gritty realism was far removed from the polished crime stories that dominated the bestseller lists at the time. Higgins neither glamorized the lives of his criminal characters nor portrayed the police or federal agents in a heroic light.

One aspect that distinguishes *The Friends of Eddie Coyle* from other crime novels is that it is written almost entirely in dialogue. Given the crime genre's reliance on carefully plotted stories that build suspense, this was a highly original approach. Important events are not described directly, instead being introduced through conversations between characters in the novel. Thus, readers are given the sense that they are secretly listening in on Eddie Coyle and his criminal associates. Even action scenes are depicted in dialogue, and where narration is necessary, Higgins writes sparingly, providing only as much information as is required for readers to follow the plot. The focus is primarily on the characters, the world they inhabit, and the codes of conduct they follow.

Although Higgins's first novel was an immediate hit, not all readers liked the author's writing style, which he also used in his following books. Many complained that his later novels lacked clear plots and contained too little action. Yet Higgins remained committed to his belief that the most engaging way to tell a story is through the conversations of its characters, as this compels the reader to pay close attention to what is being said. Despite writing many novels, Higgins was never able to replicate the success of his debut work. Toward the end of his life, he became disappointed and frustrated by the lack of attention and appreciation his books received. Nevertheless, *The Friends of Eddie Coyle* is now considered by many to be one of the greatest crime novels ever written.

(A)

According to the passage, George V. Higgins wrote *The Friends of Eddie Coyle*

1 because he believed that the novel would become a bestseller and enable him to quit the law profession to write full time.

2 after becoming frustrated about the lack of awareness among ordinary Americans regarding the extent of criminal activity in the United States.

3 because he wanted to show readers how hard lawyers worked in order to protect the victims of crime.

4 after being inspired by what he found during the investigations he carried out while he was a lawyer.

(B)

In the second paragraph, what do we learn about *The Friends of Eddie Coyle*?

1 Higgins wanted to produce a novel which proved that the traditional rules of crime fiction still held true in modern times.

2 The novel is unusual because Higgins tells the story through interactions between the characters rather than by describing specific events in detail.

3 Higgins relied heavily on dialogue throughout the novel because he lacked the confidence to write long passages of narration.

4 Although the novel provides an authentic description of the criminal world, Higgins did not consider it to be a true crime novel.

(C)

Which of the following statements would the author of the passage most likely agree with?

1 Despite the possibility that Higgins could have attracted a wider readership by altering his writing style, he remained true to his creative vision.

2 The first book Higgins produced was poorly written, but the quality of his work steadily increased in the years that followed.

3 It is inevitable that writers of crime novels will never gain the same level of prestige and acclaim as writers of other genres.

4 It is unrealistic for writers of crime novels to expect their work to appeal to readers decades after it was first published.

(2021年度第 3 回)

(2) 日本語訳　　　　　　　　　　　エディ・コイルの友人たち

　　1970年、アメリカの作家ジョージ・V・ヒギンズは彼の最初の小説『エディ・コイルの友人たち』を出版しました。この犯罪小説は、ヒギンズが弁護士として働いていたときに関わった事件に関連する何時間分もの警察の監視テープや事件の記録を調査したことに刺激を受け書かれました。彼が聞いたり読んだりしたのは、普通の犯罪者たちの日常会話であり、当時のテレビの犯罪ドラマの台本のようなものとはまったく異なるものでした。ヒギンズは本物の犯罪者たちがどのように話すかを学んだため、彼らの固有で時にはごちゃまぜの言語パターンが『エディ・コイルの友人たち』の基盤となりました。この小説のリアルな荒々しさは、その当時のベストセラー・リストを席巻していた洗練された犯罪物語とは大きく異なっていました。ヒギンズは、犯罪者のキャラクターたちの生活を華やかにせず、また警察や連邦捜査官たちを英雄的に描くこともしませんでした。

　　『エディ・コイルの友人たち』を他の犯罪小説と区別する１つの側面は、ほぼ完全に対話で書かれていることです。犯罪ジャンルの緊密に構築されたサスペンスを持つストーリーへの依存を考えると、これは非常に独創的なアプローチでした。重要な出来事は直接描写されるのではなく、代わりに小説のキャラクターたちの会話を通じて紹介されます。したがって、読者はエディ・コイルと彼の犯罪仲間の会話を秘密裏に聞いているような感覚を抱きます。アクションシーンさえも対話で描かれ、説明が必要な場合にもヒギンズは控えめに書き、読者がプロットを追うために必要な情報だけを提供します。焦点は主にキャラクターや彼らの生活する世界、そして彼らが従う行動規範にあります。

　　ヒギンズの初の小説は即座にヒットしましたが、彼の執筆スタイルを好まない読者もいました。彼はそれを後の著書にも使用しました。多くの人が、彼の後の小説は明確なプロットがなく、アクションが少なすぎると不満を述べました。しかし、ヒギンズは物語をキャラクターたちの会話を通じて伝えることが最も魅力的な方法であるとの信念を持ち続けました。なぜならこれにより読者は発言に細心の注意を払うことを余儀なくされるからです。多くの小説を執筆しましたが、ヒギンズは初の作品の成功を再現することはできませんでした。生涯の終わりには、彼は自分の本が受ける注目と評価の少なさに失望し、不満を抱いていました。それでも、『エディ・コイルの友人たち』は今でも多くの人によって史上最高の犯罪小説の１つと見なされています。

(2)–A

解答　4

設問と選択肢の訳

　　文章によると、ジョージ・V・ヒギンズが『エディ・コイルの友人たち』を書いたのは

　1 小説がベストセラーになり、法律業界を辞めて専業作家になることが可能になると考えていたからである。
　2 アメリカの一般市民がアメリカ合衆国での犯罪活動の程度について十分な認識を持っていないことに失望した後である。
　3 彼は犯罪被害者を保護するために弁護士がどれほど頑張って働いているかを読者に示したかったからである。
　4 彼が弁護士だった頃に行った調査で見つけたことに感銘を受けた後である。

解説　第1段落2文目にThis crime novel was inspired by the time Higgins spent working as a lawyer, during which he examined hours of police surveillance tapes and transcripts in connection with the cases he was involved in.「この犯罪小説は、ヒギンズが弁護士として働いていたときに関わった事件に関連する何時間分もの警察の監視テープや事件の記録を調査したことに刺激を受け書かれた」とあり、弁護士として働いているときに、関わった事件のテープや文字化したものから刺激をもらっていることがわかるので4 after being inspired by what he found during the investigations he carried out while he was a lawyer.「彼が弁護士だった頃に行った調査で見つけたことに感銘を受けた後である」が正解です。working as a lawyer＝while he was a lawyer、examined＝carried out the investigationの言い換えを見抜けるようにしましょう。

vocabulary

□ **surveillance**「監視」
□ **transcript**「（音声を文字化した）記録」
□ **criminal**「犯罪者」
□ **messy**「ごちゃまぜの」
□ **glamorize**「〜を華やかにする」
□ **portray**「〜を描く」
□ **distinguish**「〜を区別する」
□ **dialogue**「対話」
□ **plot**「〜を構築する、プロット」
□ **depict**「〜を描写する」
□ **sparingly**「控えて」
□ **inhabit**「〜に住む」
□ **immediate**「即座の」
□ **engaging**「魅力的な」
□ **compel** *A* **to** *do*「Aに〜することを強いる」
□ **replicate**「〜を再現する」

1 は小説がベストセラーになると彼が思っているということは述べられていないので不正解。**2** は一般のアメリカ人の犯罪への意識の欠如に不満がたまっていたとは述べられていないので不正解。**3** は弁護士の努力については述べられていないので不正解。

(2)-B

解答 **2**

設問と選択肢の訳

第2段落から、『エディ・コイルの友人たち』について何がわかりますか。

1 ヒギンズは、伝統的な犯罪小説のルールが現代でも依然として通用することを証明する小説を書きたかった。
2 この小説は異例である。なぜならヒギンズは、特定の出来事を詳細に描写するのではなく、キャラクター同士のやり取りを通じて物語を語っているからだ。
3 ヒギンズは小説全体で対話に大いに頼っているが、長い語りの文章を書く自信がなかったからである。
4 小説は犯罪の世界を真に描写しているが、ヒギンズはそれを真の犯罪小説とは考えていなかった。

解説 第2段落1文目に it is written almost entirely in dialogue「それ（The Friends of Eddie Coyle）はほぼ完全に対話で書かれている」とあり、また3文目に Important events are not described directly, instead being introduced through conversations between characters in the novel.「重要な出来事は直接描写されるのではなく、代わりに小説のキャラクターたちの会話を通じて紹介される」とあるので、出来事を詳細に書くのではなく、会話形式で進めていることを表している **2** The novel is unusual because Higgins tells the story through interactions between the characters rather than by describing specific events in detail.「この小説は異例である。なぜならヒギンズは、特定の出来事を詳細に描写するのではなく、キャラクター同士のやり取りを通じて物語を語っているからだ」が正解とわかります。

1 は伝統的な犯罪小説のルールが現代でも適用できるか証明したいということは述べられていないので不正解。**3** は長い語りの文章に自信がないから、対話形式にしているとは述べられていないので不正解。前半の「対話に頼っていた」だけを読んで判断しないようにしましょう。**4** は本当の犯罪小説かどうかの基準については述べられていないので不正解。

(2)-C

解答 **1**

設問と選択肢の訳

文章の著者は、次のうちどの記述に最も同意する可能性がありますか。

1 執筆スタイルを変えることでより広い読者層を引き寄せる可能性があったにもかかわらず、ヒギンズは自身の創造的なビジョンに忠実だった。
2 ヒギンズが最初に書いた本は文章がつたなかったが、その後、年々彼の作品の質は着実に向上した。
3 犯罪小説の作家は、他のジャンルの作家と同じ程度の名声と称賛を得ることは不可能だ。
4 犯罪小説の作家が、自身の作品が初めて出版されてから数十年後にも読者の心に訴えることを期待するのは非現実的だ。

解説 第3段落2、3文目に Many complained that his later novels lacked clear plots and contained too little action. Yet Higgins remained committed to his belief that the most engaging way to tell a story is through the conversations of its characters「多くの人が、彼の後の小説は明確なプロットがなく、アクションが少なすぎると不満を述べた。しかし、ヒギンズは物語をキャラクターたちの会話を通じて伝えることが最も魅力的な方法であるとの信念を持ち続けた」とあり、多くの人は書き方を変えてほしがっていたが、ヒギンズは自分のやり方に固執していたことがわかります。よって正解は **1** Despite the possibility that Higgins could have attracted a wider readership by altering his writing style, he remained true to his creative vision.「執筆スタイルを変えることでより広い読者層を引き寄せる可能性があったにもかかわらず、ヒギンズは自身の創造的なビジョンに忠実だった」です。he remained true to his creative vision ＝ Higgins remained committed to his belief が言い換えになっています。

2 は最初の本はヒットしていて、文章がつたないことはないと考えているので不正解。**3** は犯罪小説の作者と他のジャンルとの比較をしていないので不正解。**4** は『エディ・コイルの友人たち』が今でも人気があると述べられており、出版後も読者に魅力を伝えることはできるので不正解。

Competing against Braille

Although Braille is the standard writing system for blind people today, this alphabet of raised dots representing letters was not always the only system. Another system, Boston Line Type, was created in the 1830s by Samuel Gridley Howe, a sighted instructor at a US school for blind people. Howe's system utilized the letters in the standard English alphabet used by sighted people, but they were raised so they could be felt by the fingers. Blind students, however, found it more challenging to distinguish one letter from another than they did with Braille. Nevertheless, Howe believed that the fact that reading materials could be shared by both blind and sighted readers outweighed this disadvantage. His system, he argued, would allow blind people to better integrate into society; he thought Braille encouraged isolation because it was unfamiliar to most sighted people.

It gradually became clear that a system using dots was not only easier for most blind people to read but also more practical, as the dots made writing relatively simple. Writing with Boston Line Type required a special printing press, but Braille required only simple, portable tools, and it could also be typed on a typewriter. Still, despite students' overwhelming preference for Braille, Boston Line Type remained in official use in schools for the blind because it allowed sighted instructors to teach without having to learn new sets of symbols. Even when Boston Line Type lost popularity, other systems continued to be introduced, leading to what became known as the "War of the Dots," a situation in which various writing systems competed to become the standard.

One of these, called New York Point, was similar to Braille in that it consisted of raised dots. Its main advantage was that typing it required only one hand. Braille, though, could more efficiently and clearly display capital letters and certain forms of punctuation. There were other candidates as well, and debates about which was superior soon became bitter. Blind people, meanwhile, were severely inconvenienced; books they could read were already in short supply, and the competing systems further limited their options, as learning a new system required great time and effort. At one national convention, a speaker reportedly summed up their frustrations by jokingly suggesting a violent response to the next person who invents a new system of printing for the blind.

The War of the Dots continued into the 1900s, with various groups battling for funding and recognition. In the end, the blind activist Helen Keller was extremely influential in ending the debate. She stated that New York Point's weaknesses in regard to capitalization and punctuation were extremely serious and that reading it was hard on her fingers. Braille won out, and other systems gradually disappeared. Although the War of the Dots interfered with blind people's education for a time, it had a silver lining: the intense battle stimulated the development of various technologies, such as new typewriters, that greatly enhanced blind people's literacy rates and ability to participate in modern society.

(A)

What did Samuel Gridley Howe believe about Boston Line Type?

1 The time it saved blind people in reading made up for the fact that it took much longer to write than Braille.

2 The fact that it combined raised dots with other features made it easier for blind people to use it when communicating with one another.

3 Although it was difficult for students to learn, the fact that it could be read more quickly than Braille was a major advantage.

4 It was worth adopting because of the role it could play in helping blind people to better fit in with people who are able to see.

(B)

In the second paragraph, what does the author of the passage suggest about Boston Line Type?

1 Its continued use was not in the best interests of blind people, whose opinions about which system should be used were seemingly not taken into account.

2 Teachers at schools for the blind convinced students not to use it because they thought systems with fewer dots would be easier for students to read.

3 Despite it causing the "War of the Dots," its popularity among students was a key factor in the development of other tools for blind people.

4 It was only successfully used in writing by students in schools for the blind after the introduction of the typewriter.

(C)

The suggestion by the speaker at the national convention implies that blind people

1 felt that neither Braille nor the New York Point system could possibly meet the needs of blind readers.

2 were unhappy that the debates over which system to use were indirectly preventing them from accessing reading materials.

3 did not like that they were being forced to use a writing system that had not been developed by a blind person.

4 were starting to think that other types of education had become much more important than learning to read books.

(D)

What conclusion does the author of the passage make about the War of the Dots?

1 It was so serious that it is still having a negative influence on the research and development of technology for the blind today.

2 It would have caused fewer bad feelings if Helen Keller had not decided that she should become involved in it.

3 It had some positive effects in the long term because the competition led to improvements in the lives of blind people.

4 It could have been avoided if people in those days had been more accepting of technologies like the typewriter.

(3) 【日本語訳】　　　　　　　　　　　　ブライユ点字との争い

　　　現代の視覚障がい者のための標準的な書記法はブライユ点字ですが、文字を表す点字アルファベットが常に唯一のものだったわけではありませんでした。もう1つのシステムであるボストンラインタイプは、1830年代にアメリカの視覚障がい者学校で教鞭を執った目が見える教師、サミュエル・グリドリー・ハウによって創造されました。ハウのシステムは、目の見える人によって使われている通常の英語アルファベットを使用していましたが、これらの文字は指で感じられるように浮き彫りにされていました。しかし、視覚障がい者の学生はブライユ点字よりも他の文字と区別するのが難しいと感じました。それでも、ハウは読書の教材が視覚障がい者と視覚のある読者の両方で共有できるという事実が、この欠点を上回ると信じていました。彼のシステムによって、視覚障がい者が社会により良く馴染めるようになるだろうと彼は主張していました。彼はブライユ点字はほとんどの視覚のある人にとって馴染みがないため、孤独を助長すると考えていました。

　　　次第に、点を使用するシステムが多くの視覚障がい者にとって読みやすいだけでなくより実用的であることも明らかになりました。なぜなら、書くことも比較的簡単にしたからです。ボストンラインタイプでの書き込みには特別な印刷機が必要でしたが、ブライユ点字には単純で持ち運びができる道具だけが必要で、タイプライターでも入力できました。しかし、学生たちは圧倒的にブライユ点字を好んでいるにもかかわらず、ボストンラインタイプは視覚障がい者学校で公式に使用され続けました。なぜなら、ボストンラインタイプは、視覚のある教師が新しい記号のセットを学ぶ必要なく教えることができたからです。ボストンラインタイプが人気を失っても、他のシステムが導入され続け、さまざまな書記法が標準となるべく競合する「点字戦争」として知られる状態につながりました。

　　　そのうちの1つであるニューヨークポイントは、点字で構成されており、ブライユ点字と似ていました。その主な利点は、それをタイプするために片手しか必要なかったことです。しかし、ブライユ点字は大文字や特定の句読法をより効率的かつ明確に表示することができました。他にも候補があり、どれが優れているかについての議論はすぐに辛辣なものとなりました。一方、視覚障がい者はかなり不遇な状況を強いられました。読める本はすでに少なく、競合するシステムは選択肢をさらに制限しました。なぜなら新しいシステムを学ぶには多大な時間と努力が必要だったからです。ある全国大会では、演説者が新しい点字印刷システムを発明した次の人に対して暴力的な反応を冗談交じりに提案することで、その苦悩を表現したとされています。

　　　「点字の戦争」は1900年代に入っても続き、さまざまなグループが資金と認知を巡って闘いました。最終的には、視覚障がい者活動家ヘレン・ケラーが議論を終結させる上でかなりの影響を与えました。彼女はニューヨークポイントの大文字や句読法に関する弱点が非常に深刻であり、それを読むことは彼女の指にとって辛いと述べました。ブライユ点字が勝利し、他のシステムは徐々に消えていきました。点字戦争は一時的に視覚障がい者の教育に干渉しましたが、その裏には希望の兆しがありました。激しい闘いが新しいタイプライターなどのさまざまな技術の発展を刺激し、視覚障がい者の識字率と現代社会への参加能力を大幅に向上させたのです。

(3)-A

【解答】　4

【設問と選択肢の訳】

　　　サミュエル・グリドリー・ハウは、ボストンラインタイプについてどう考えていましたか。

1 視覚障がい者が読む際に節約される時間が、ブライユ点字に比べて書くのにかかる時間がはるかに長いことを埋め合わせた。

2 浮き彫りにされた点字に他の特徴を組み合わせたことで、視覚障がい者同士のコミュニケーションにおいて使用しやすくなった。

3 学生が学ぶのが難しかったとはいえ、ブライユ点字よりも速く読めることが大きな利点であると考えた。

4 視覚障がい者が視覚のある人々とより馴染めることを助けるという役割を果たすため、採用する価値があった。

vocabulary

Theme 1
Theme 2
Theme 3
Theme 4
Theme 5
Theme 6
Theme 7
Theme 8
Theme 9
Theme 10
Theme 11
Theme 12

□ **utilize**「〜を使用する」
□ **outweigh**「〜を上回る」
□ **isolation**「孤独」
□ **portable**「持ち運びできる」
□ **overwhelming**「圧倒的な」
□ **compete**「競争する」
□ **consist of 〜**「〜から成る」
□ **efficiently**「効率的に」
□ **punctuation**「句読法」
□ **candidate**「候補」
□ **inconvenience**「不便をかける」
□ **sum up**「まとめる」
□ **jokingly**「冗談交じりで」
□ **recognition**「認知」
□ **in regard to 〜**「〜に関して」
□ **capitalization**「大文字の使用」
□ **silver lining**「希望の兆し」
□ **stimulate**「〜を刺激する」

167

解説 まず、今回のテーマである、Brail ですが、ほとんどの受験者は知らない単語でしょう。しかし、焦らずに第1段落1文目を見ると、the standard writing system for blind people today, this alphabet of raised dots representing letters「現代の視覚障がい者のための標準的な書記法で、文字を表す点字アルファベット」とあり、「点字の一種」であると予測できます。難しい単語の場合はこのように、後に説明が示されることが多いので、諦めずに読み進めていきましょう。

第1段落6文目を見ると、His system, he argued, would allow blind people to better integrate into society; he thought Braille encouraged isolation because it was unfamiliar to most sighted people.「彼のシステムによって、視覚障がい者が社会により良く馴染めるようになるだろうと彼は主張していた。彼はブライユ点字がほとんどの視覚のある人にとって馴染みがないため、孤独を助長すると考えていた」とあり、ハウはブライユ点字よりも自分のボストンラインタイプを使った方が社会に溶けこむことができ、孤独感を生み出さないので良いと思っていることがわかります。よって **4** It was worth adopting because of the role it could play in helping blind people to better fit in with people who are able to see.「視覚障がい者が視覚のある人々とより馴染めることを助けるという役割を果たすため、採用する価値があった」が正解だとわかります。

1 と **3** は読む速さに言及しているものの、本文では速さについては述べられていないので不正解。**2** は他の特徴については述べられていないので、不正解。

(3)–B

解答 **1**

設問と選択肢の訳
第2段落で、文章の著者はボストンラインタイプについて何を示唆していますか。

1 継続された使用は視覚障がい者の最善の利益にはならなかった。使用するシステムについての視覚障がい者の意見は考慮されていないようだった。
2 視覚障がい者学校の教師は、少ない点を使用したシステムの方が学生にとって読みやすいと考え、ボストンラインタイプを使用しないよう説得した。
3「点字戦争」を引き起こしたにもかかわらず、学生の間での人気は、他の視覚障がい者用の道具の開発において鍵となる要因だった。
4 タイプライターの導入後はじめて、ライティングにおいて視覚障がい者学校の学生によってボストンラインタイプが上手に使用された。

解説 第2段落3文目に Still, despite students' overwhelming preference for Braille, Boston Line Type remained in official use in schools for the blind because it allowed sighted instructors to teach without having to learn new sets of symbols.「しかし、学生たちは圧倒的にブライユ点字を好んでいるにもかかわらず、ボストンラインタイプは視覚障がい者学校で公式に使用され続けた。なぜなら、ボストンラインタイプは、視覚のある教師が新しい記号のセットを学ぶ必要なく教えることができたからだ」とあり、学生はブライユ点字を好んでいたが、学校ではボストンラインタイプが使われており、その理由は、先生が教えるのに手間がかからないからでした。よって **1** Its continued use was not in the best interests of blind people, whose opinions about which system should be used were seemingly not taken into account.「継続された使用は視覚障がい者の最善の利益にはならなかった。使用するシステムについての視覚障がい者の意見は考慮されていないようだった」が正解だとわかります。

2 は fewer dots のように、点の数に関しては述べられていないので不正解。**3** は人気があったからではなく、人気が落ちたため、他のものが発展したので不正解。**4** はライティングで成功したということは述べられていないので不正解。

(3)–C

解答 **2**

設問と選択肢の訳
全国大会での演説者の提案が示唆しているのは、視覚障がい者が

1 ブライユ点字もニューヨークポイントシステムも、視覚障がい者読者のニーズを満たす可能性がないと感じていたということだ。
2 どのシステムを使用するかの議論が間接的に彼らの読書材料へのアクセスを妨げていることに不満を感じていたということだ。
3 視覚障がい者によって開発されなかった書記法を使用するのを強制されていることを好まなかったということだ。
4 他の種類の教育が本を読めるようになることよりもはるかに重要になったと考え始めていたということだ。

解説 national convention に関して述べられているのは第3段落6文目の At one national convention, a speaker reportedly summed up their frustrations by jokingly suggesting a violent response to the next person who invents a new system of printing for the blind.「ある全国大会では、演説者が新しい点字印刷システムを発明した次の人に対して暴力的な反応を冗談交じりに提案することで、その苦悩を表現したとされている」です。また、その前の文を見ると books they could read were already in short supply, and the competing systems further limited their options, as learning a new system required great time and effort「読める本はすでに少なく、競合するシステムは選択肢をさらに制限した。なぜなら新しいシステムを学ぶには多大な時間と労力が必要だった」とあり、視覚障がい者はシステムが定まらないために労力を割き、利用できる本なども限られてしまっており、そ

の不満を演説者が伝えていることがわかります。よって **2** were unhappy that the debates over which system to use were indirectly preventing them from accessing reading materials.「どのシステムを使用するかの議論が間接的に彼らの読書材料へのアクセスを妨げていることに不満を感じていた」が正解だとわかります。

1 はブライユ点字もニューヨークポイントもニーズを満たさないとは述べられていないので不正解。**3** は書記法を強要されているとは述べられていないので不正解。**4** は他の種類の教育の重要性には触れていないので不正解。

(3)–D

解答 **3**

設問と選択肢の訳

文章の著者は「点字戦争」についてどのような結論を示していますか？

1 それは非常に深刻なものだったため、今日でも視覚障がい者のための技術の研究と開発に悪影響を与えている。

2 ヘレン・ケラーが関与しないことにした場合、負の感情は少なかった可能性がある。

3 長期的にはいくつかの良い効果があり、競争が視覚障がい者の生活の改善につながった。

4 その当時の人々がタイプライターのような技術をより受け入れていれば、それを回避することができた可能性がある。

解説 第 4 段落 5 文目に Although the War of the Dots interfered with blind people's education for a time, it had a silver lining: the intense battle stimulated the development of various technologies, such as new typewriters, that greatly enhanced blind people's literacy rates and ability to participate in modern society.「点字戦争は一時的に視覚障がい者の教育に干渉したが、その裏には希望の兆しがあった。激しい闘いが新しいタイプライターなどのさまざまな技術の発展を刺激し、視覚障がい者の識字率と現代社会への参加能力を大幅に向上させたのである」とあり、激しい論争がさまざまな科学技術の発展につながり、視覚障がい者が現代社会に参加していくことやリテラシー向上に貢献していることがわかるので、**3** It had some positive effects in the long term because the competition led to improvements in the lives of blind people.「長期的にはいくつかの良い効果があり、競争が視覚障がい者の生活の改善につながった」が正解だとわかります。この silver lining「希望の兆し」がわからなくても、次の文で説明しているので大丈夫です。

1 はネガティブな影響ではなく、ポジティブな影響を与えていると述べられているので不正解。**2** はヘレン・ケラーのおかげで議論が終わったのであり、彼女がこの議論に入らなかったら、より不満が高まっていた可能性があるので不正解。**4** は人々が科学技術を受け入れるかどうかと点字戦争の関連性はないので不正解。

4

The Temples of Jayavarman VII

At the height of King Jayavarman VII's rule, his Khmer empire covered most of Southeast Asia, with its center at Angkor, in present-day Cambodia. Prior to Jayavarman's rule, the political situation in the region had been unstable as a result of ongoing military struggles between shifting alliances of powerful local warlords, as well as battles between these alliances and the neighboring Cham people. After a Cham invasion defeated the Khmer empire's previous ruler, however, Jayavarman and his allies not only drove out the invaders but also managed to crush other warlords who hoped to rule the empire themselves. Jayavarman gained the throne in 1181.

Jayavarman's rule, which lasted for more than 30 years, brought peace and prosperity to the region, but he also seems to have been obsessed with constructing as many Buddhist temples as possible during his reign. Though promotion of religion had long been a fundamental part of Khmer culture, Jayavarman took it to a whole new level, building temples faster and in greater numbers than any previous king. Some researchers suggest he did this because he felt his time may be limited — he became king relatively late in life, at the age of 61, and he suffered from a long-term medical condition.

Jayavarman was a passionate follower of Buddhism, which was reflected in his concern for the well-being of his people. In addition to the many temples he built, he also built over a hundred hospitals, each employing doctors, pharmacists, and other healthcare professionals. The quality of care was advanced for the time: pulse readings were used to aid diagnoses, and butter and honey were prescribed as medicines. Supplies from the government arrived at these hospitals frequently, and it appears that any citizen in the empire, regardless of income or social standing, was eligible for treatment at no cost. Such a visible demonstration of generosity likely helped convert people to Buddhism as well as solidify Jayavarman's reputation as a king who had genuine compassion for his people.

While Jayavarman's time as king is considered by many to be the Khmer empire's golden age, it may also have paved the way for the empire's downfall. According to some researchers, Jayavarman's temple construction was evidence of his policy of centralizing power. As the king himself took ownership of the temples' lands, a unified, government-controlled system emerged, depriving local landowners of power. Meanwhile, construction of the temples required that tens of thousands of people relocate to cities, which meant there were far fewer people in rural areas to farm the land and produce food for the empire. Furthermore, the building projects used up a significant amount of the empire's wealth. These factors combined became a huge problem for later Khmer kings when the empire suffered because of droughts and monsoons. The highly centralized system lacked the wealth, agricultural labor force, and flexibility to overcome the effects of these natural disasters, leading to the empire's eventual collapse.

(A)

What is one thing that we learn about Jayavarman VII?

1 By successfully making the Cham people allies rather than enemies, he was able to take control of the Khmer empire.

2 He was able to become the king of the Khmer empire by cooperating with other leaders in the region.

3 After tricking the previous king into attacking an enemy kingdom, he was able to take over that region as well as his own.

4 He gradually strengthened the Khmer empire in order to make it powerful enough to invade and defeat the neighboring kingdom.

(B)

The passage suggests that one reason Jayavarman built so many temples was that

1 people demanded that the Khmer empire open itself up to Buddhism to stop the spread of a deadly disease.

2 he hoped to use the temples as a way to keep other Khmer rulers satisfied and prevent them from rebelling against his government.

3 he wanted to show his people that he was different from the previous ruler, who they felt had not been as religious as he should have been.

4 he likely believed that he did not have very long to live and wished to achieve as much as possible during his time as king.

(C)

What is true of the hospitals built by Jayavarman?

1 They were well staffed but lacked adequate medical supplies for the large numbers of people who required treatment.

2 They provided medical treatment at the government's expense to all Khmer people who were in need of it.

3 They demonstrated that Jayavarman only had compassion for Khmer people who had accepted Buddhism.

4 They were seen by leaders in the region as an inappropriate use of funds that were supposed to be solely for the purpose of promoting Buddhism.

(D)

What was one result of Jayavarman's temple building?

1 Local landowners felt betrayed by Jayavarman, causing many to refuse to support him when the Khmer empire was attacked.

2 It angered rural people who were forced to move to cities, so they attempted to remove Jayavarman from power.

3 It required the use of so many resources that it left the Khmer empire unable to deal with problems it faced in the future.

4 It proved valuable in diverting the attention of Khmer citizens away from the effects of frequent natural disasters in the region.

(2021年度第2回)

(4) 日本語訳　ジャヤヴァルマン７世の寺院

　　ジャヤヴァルマン７世の統治の最盛期には、彼のクメール帝国は東南アジアの大部分を占領し、中心地は現在のカンボジアのアンコールにありました。ジャヤヴァルマンの統治以前、地域の政治情勢は、強力な地元の軍閥の移り変わる同盟との間の継続的な軍事闘争、およびこれらの同盟と隣接するチャム族との戦いにより不安定でした。しかし、チャム族の侵略がクメール帝国の前の支配者を打ち負かした後、ジャヤヴァルマンと彼の同盟者は、侵略者を追い払うだけでなく、自分たちで帝国を支配しようとした他の軍閥を鎮圧することにも成功しました。そして、ジャヤヴァルマンは1181年に王位につきました。

　　ジャヤヴァルマンの統治は30年以上にわたり、地域に平和と繁栄をもたらしましたが、彼は統治中に可能な限り多くの仏教寺院を建設することにも熱中していたようです。宗教の推進は、クメール文化の基本的な一部でしたが、ジャヤヴァルマンはこれを全く新しいレベルにまで引き上げ、以前のどの王よりも速く、そして多くの寺院を建設しました。一部の研究者は、彼は比較的遅い時期の61歳で王に即位し、長期間の病気を抱えていたため彼が自身の時間が限られていると感じたので、これを行ったのではないかと示唆しています。

　　ジャヤヴァルマンは仏教の熱狂的な信者であり、これが人々の幸福に対する彼の関心に反映されていました。彼が建設した多くの寺院に加えて、彼は100以上の病院を建設し、それぞれ医師、薬剤師、その他の医療専門家を雇いました。その当時においては進んだ治療が行われており、診断には脈拍が読み取られ、バターやハチミツが薬として処方されました。政府からの供給はこれらの病院に頻繁に届けられ、帝国内のどの市民も収入や社会的地位に関係なく無料で治療を受けることができたようです。このような寛大さの目に見える行動は、人々を仏教に改宗させるだけでなく、ジャヤヴァルマンが本当に人々に対する思いやりを持つ王であるという評判を強固にしていったのでしょう。

　　ジャヤヴァルマンの王位時代は、多くの人々によってクメール帝国の黄金期と考えられていますが、同時に帝国の衰退の皮切りになった可能性もあります。一部の研究者によると、ジャヤヴァルマンの寺院建設は彼の権力の中央集権政策の証でした。王自身が寺院の土地を所有したため、統一された政府による制御システムが現れ、地元の土地所有者は権力を奪われました。一方、寺院の建設には何万人もの人々が都市に移住する必要がありました。その結果、農地を耕作し、帝国のために食料を生産するための田舎の人々がはるかに少なくなりました。さらに、これらの建設プロジェクトは帝国の富の相当な部分を使い果たしました。これらの要因が結びついて、干ばつやモンスーンによる影響を受けた、後のクメール王たちにとって非常に大きな問題となりました。高度に中央集権化されたシステムは、これらの自然災害の影響を克服するために必要な富、農業労働力、柔軟性を欠いており、これが帝国の最終的な崩壊につながりました。

(4)-A

解答　2

設問と選択肢の訳

ジャヤヴァルマン７世についてわかる１つのことは何ですか。

1 チャム族を敵ではなく味方として成功裏に取り込むことで、彼はクメール帝国の支配を確立することができた。
2 彼は他の地域の指導者と協力してクメール帝国の王になることができた。
3 前の王をだまして敵の王国を攻撃させた後、その地域と自分の地域の支配を確保することができた。
4 隣接する王国を侵略して撃退するほど強力にするために彼はクメール帝国を徐々に強化した。

解説　第１段落３、４文目にAfter a Cham invasion defeated the Khmer empire's previous ruler, however, Jayavarman and his allies not only drove out the invaders but also managed to crush other warlords who hoped to rule the empire themselves. Jayavarman gained the throne in 1181.「しかし、チャム族の侵略がクメール帝国の前の支配者を打ち負かした後、ジャヤヴァルマンと彼の同盟者は、侵略者を追い払うだけでなく、自分たちで帝国を支配しようとした他の軍閥を鎮圧することにも成功した。そして、ジャヤヴァルマンは1181

vocabulary

- □ **prior to** ～「～より前」
- □ **unstable**「不安定な」
- □ **shifting**「移りゆく」
- □ **warlord**「軍事指導者」
- □ **invasion**「侵入」
- □ **last**「続く」
- □ **prosperity**「繁栄」
- □ **be obsessed with** ～「～に熱中する」
- □ **reign**「統治」
- □ **passionate**「熱狂的な」
- □ **pulse**「脈拍」
- □ **diagnosis**「診断」
- □ **prescribe**「～を処方する」
- □ **be eligible for** ～「～の資格がある」
- □ **at no cost**「無料で」
- □ **generosity**「寛大さ」
- □ **convert**「～を改宗させる」
- □ **solidify**「～を強固にする」
- □ **genuine**「真の、本当の」
- □ **compassion**「思いやり」
- □ **pave**「～を切り開く」
- □ **downfall**「衰退」
- □ **centralize**「中央集権化する」
- □ **emerge**「現れる」
- □ **use up**「使い果たす」
- □ **drought**「干ばつ」
- □ **monsoon**「モンスーン、季節風」
- □ **flexibility**「柔軟性」
- □ **collapse**「崩壊」

年に王位についた」とあり、チャム族がクメール帝国を負かした後に、ジャヤヴァルマンと同盟者がその侵入者（チャム族）を打ち負かし、ほかの軍隊も倒して、力を手に入れているので、**2** He was able to become the king of the Khmer empire by cooperating with other leaders in the region.「彼は他の地域の指導者と協力してクメール帝国の王になることができた」が正解だとわかります。Jayavarman gained the throneがbecome the king of the Khmer empireと、Jayavarman and his alliesがby cooperating with other leadersと言い換えられています。**1** はチャム族を同盟国としたとは述べられていないので不正解。**3** は前の王様をだまして敵国を攻撃させたわけではないので不正解。**4** は徐々に力を強めていったとは述べられていないので不正解。

(4)–B

解答 4

設問と選択肢の訳

文章によると、ジャヤヴァルマンが非常に多くの寺院を建設した1つの理由は、

1 人々が致命的な病気の広がりを防ぐためにクメール帝国を仏教に開放するよう要求したためである。
2 彼は他のクメールの支配者たちを満足させ、政府に対する反乱を防ぐ手段として寺院を利用することを望んでいたためである。
3 望まれるほど宗教的ではないと人々が感じていた前の支配者とは異なるということを彼は人々に示したかったためである。
4 彼は自分の寿命があまり残されていないと考え、王としての時間内に最大限のことを達成したかったためである。

解説 第2段落3文目にhe did this because he felt his time may be limited — he became king relatively late in life, at the age of 61, and he suffered from a long-term medical condition「彼は比較的遅い時期の61歳で王に即位し、長期間の病気を抱えていたため彼が自身の時間が限られていると感じたので、これを行った」とあり、heはジャヤヴァルマンを指し、thisは寺をたくさん建てたことを指しています。よって彼が寺を建てた理由は、彼の人生はあまり長くなく、長期にわたって病気に苦しんでいたからであるとわかるので、正解は **4** he likely believed that he did not have very long to live and wished to achieve as much as possible during his time as king.「彼は自分の寿命があまり残されていないと考え、王としての時間内に最大限のことを達成したかったためである」です。his time may be limitedがhe did not have very long to liveに言い換えられていると気づくと解きやすくなります。

1 は死に至る病気の広がりは述べられていないので不正解。**2** は他の支配者からの反乱を食い止めるためではないので不正解。**3** は他の王様と比べて宗教的であったかどうかは述べられていないので不正解。

(4)–C

解答 2

設問と選択肢の訳

ジャヤヴァルマンが建設した病院に関して正しいのはどれですか。

1 それらはスタッフは充実していたが、治療が必要な多くの人々に対する十分な医療用品が不足した。
2 それらは政府負担で治療を必要とするすべてのクメール人に治療を提供した。
3 それらは、ジャヤヴァルマンが、仏教を受け入れたクメール人にだけ情け深いことを示していた。
4 それらは、地域の指導者によって仏教の促進のためだけに用意された資金の不適切な使用とみなされていた。

解説 第3段落4文目にSupplies from the government arrived at these hospitals frequently, and it appears that any citizen in the empire, regardless of income or social standing, was eligible for treatment at no cost.「政府からの供給はこれらの病院に頻繁に届けられ、帝国内のどの市民も収入や社会的地位に関係なく無料で治療を受けることができたようだ」とあり、政府から医療品が届き、収入や社会的地位に関係なく無料で医療が行われているので、**2** They provided medical treatment at the government's expense to all Khmer people who were in need of it.「それらは政府負担で治療を必要とするすべてのクメール人に治療を提供した」が正解だとわかります。any citizen in the empire, regardless of income or social standingがall Khmer people who were in need of itに言い換えられています。

1 は医療品も十分政府から支給されていたので不正解。**3** は仏教を信仰している人だけでなく全員に医療を施したので不正解。**4** は資金の使い方が間違っているとは思われていないので不正解。

(4)–D

解答 3

設問と選択肢の訳

ジャヤヴァルマンの寺院建設の結果として起こったことの1つは何ですか。

1 地元の土地所有者はジャヤヴァルマンに裏切られたと感じ、クメール帝国が攻撃された際に彼を支持するのを拒否する者が多かった。
2 都市への移住を強いられた農村の人々が怒り、彼を権力者から排除しようとした。
3 それは多くの資源を使用することが必要で、将来直面する問題にクメール帝国が対処することができなくなった。
4 クメール市民の注意を、地域の頻繁な自然災害の影響から逸らすのに役立つことが証明された。

解説 第4段落5文目に the building projects used up a significant amount of the empire's wealth「建設プロジェクトは帝国の富の相当な部分を使い果たした」とあり、お金を使い果たしてしまったことがわかります。また次の文には、These factors combined became a huge problem for later Khmer kings when the empire suffered because of droughts and monsoons.「これらの要因が結びついて、干ばつやモンスーンによる影響を受けた、後のクメール王たちにとって非常に大きな問題となった」とあり、これらの問題（土地所有者から権力を奪うこと、都市部に人が集まって農業人口が減っていること、お金がないこと）によって、後の王様たちが苦労していることがわかるので、**3** It required the use of so many resources that it left the Khmer empire unable to deal with problems it faced in the future.「それは多くの資源を使用することが必要で、将来直面する問題にクメール帝国が対処することができなくなった」が正解です。

1 は彼をサポートすることを拒んでいたとは述べられていないので不正解。**2** は彼を権力者から排除しようとしたとは述べられていないので不正解。**4** は自然災害から市民の目を逸らすのに役立ったとは述べられていないので不正解。

次の長文がこの本で最後の問題です。

5

Robert the Bruce and the Declaration of Arbroath

In 1286, the sudden death of King Alexander III of Scotland resulted in a power struggle among various nobles that nearly brought the country to civil war. To settle the matter, England's King Edward I was asked to select a new ruler from among the rivals. Edward, who himself had ambitions to ultimately rule Scotland, agreed only on the condition that the new leader pledged loyalty to him. He chose a noble named John Balliol as the new king, but resentment soon grew as England repeatedly exerted its authority over Scotland's affairs. The turning point came when Edward attempted to force Scotland to provide military assistance in England's conflict with France. When Balliol allied his nation with France instead, Edward invaded Scotland, defeated Balliol, and took the throne.

This was the situation faced by the Scottish noble Robert the Bruce as he attempted to free Scotland from English rule. Robert, whose father had been one of Balliol's rivals for the throne, gained political dominance and led a rebellion that drove English forces from Scotland. Robert was crowned king of Scotland in 1306, and although he enjoyed tremendous support domestically, he had angered the Pope, the leader of the Roman Catholic Church. Not only had he ignored the church's requests that he make peace with England, but he had also taken the life of his closest rival to the throne in a place of worship before being crowned king.

Scotland's leadership knew that the country would remain internationally isolated and vulnerable without the church's recognition. International acceptance of Scotland's independence would be especially important if the country were to exist in the shadow of a mighty nation like England, which still failed to officially acknowledge Robert as Scotland's king despite having retreated. In 1320, Scotland's most powerful nobles therefore gathered to create a document known today as the Declaration of Arbroath. It proclaimed Scotland's independence and requested the Pope recognize Robert as the country's ruler. The response the nobles received later in the year, however, indicated that the declaration initially had not been effective. The Pope not only refused Scotland's request but also failed to confirm its self-proclaimed independence, although he did urge England to pursue a peaceful resolution in its dealings with the nation. A few years later, however, the declaration's influence contributed to the Pope recognizing Robert and his kingdom after a peace treaty finally freed Scotland from England's threat.

Today, the Declaration of Arbroath is one of the most celebrated documents in Scottish history. Some historians even argue it inspired the US Declaration of Independence, although proof of this is lacking. Scholars generally agree, however, that what makes the Declaration of Arbroath so historic is the assertion that the king may rule only with the approval of the Scottish people; specifically, the nobles used the document to boldly insist on their right to remove any ruler who betrayed them. In this sense, the document was a pioneering example of a contract between a country's ruler and its people, in which the ruler was responsible for ensuring the people could live in a free society.

(A)

What happened following the death of King Alexander III of Scotland?

1 Scotland was able to trick King Edward I into choosing John Balliol even though it was not in Edward's interest to do so.

2 King Edward I began to question the loyalty of the Scottish nobles who had not supported John Balliol's attempt to become king.

3 King Edward I attempted to use the situation to his advantage in order to increase his power over Scotland.

4 Scotland felt so threatened by France's military power that diplomatic relations between the countries worsened.

(B)

What problem did Robert the Bruce face after he became king of Scotland?

1 Although he was a great military leader, his lack of political skills led him to negotiate a poor agreement with England.

2 The disagreements he had with his rivals about religion caused many Scottish people to stop supporting him.

3 The religious differences between Scotland and England made it likely that Scotland would be attacked again.

4 Because of the things he had done to gain power, Scotland could not get the support it needed to be safe from England.

(C)

In the year the Declaration of Arbroath was written,

1 it became clear that the Pope considered it a priority to recognize Scotland's independence as a nation.

2 the Pope attempted to encourage peace between England and Scotland despite not acknowledging either Robert or his country.

3 the promise of peace between England and Scotland was endangered by Scotland's attempt to get help from the Pope.

4 Scotland was able to achieve enough international recognition to get the Pope to admit that Robert was the country's true king.

(D)

What is one common interpretation of the Declaration of Arbroath?

1 It demonstrates that Robert was actually a much better leader than people had originally thought him to be.

2 It brought a new way of looking at the duty that a country's ruler had to the people he or she was governing.

3 It reveals that there was much more conflict between Scottish rulers and nobles at the time than scholars once believed.

4 It suggested that a beneficial system of government was not possible with a king or queen ruling a country.

(2023 年度第 1 回)

ロバート・ザ・ブルースとアーブロース宣言

1286年、スコットランドのアレクサンダー3世王の突然の死は、国内を内戦の危機に陥れかけた、さまざまな貴族の間での権力闘争を引き起こしました。この問題を解決するため、イングランドのエドワード1世王は、ライバルの中から新たな統治者を選ぶよう求められました。エドワードは自身も最終的にはスコットランドを支配したいという野望を持っており、新しい指導者が彼に忠誠を誓うことを条件に同意しました。彼はジョン・ベイリオルという名の貴族を新しい王に選びましたが、イングランドが何度もスコットランドの出来事に権限を行使してきたので不満がすぐに広がりました。転機は、エドワードがスコットランドに対してフランスとイングランドとの対立において軍事援助を提供させようとしたときに訪れました。ベイリオルは代わりにフランスと同盟すると、エドワードはスコットランドに侵攻し、ベイリオルを打ち破り、王位を取りました。

このような状況の中、スコットランドの貴族ロバート・ザ・ブルースはスコットランドをイングランドの支配から解放しようと試みました。ロバートはベイリオルと王位を争ったライバルの一人である父を持ち、政治的優位性を獲得し、イングランド軍をスコットランドから駆逐する反乱を指導しました。ロバートは1306年にスコットランドの王に即位し、国内で広範な支持を受けましたが、彼はローマ・カトリック教会の指導者である教皇を怒らせていました。彼はイングランドとの和平を結ぶという教会の要求を無視しただけでなく、王位に即位する前にライバルである王位継承者の命を礼拝堂で奪ってしまいました。

スコットランドの指導層は、教会の承認がなければ、スコットランドが国際的に孤立し、脆弱な状態に留まるだろうと認識していました。国際的なスコットランドの独立の受け入れは、まだスコットランドがイングランドのような強大な国の陰の下で存在する場合、特に重要であり、イングランドは撤退しているにもかかわらず、依然としてロバートをスコットランドの王として正式に認めていませんでした。そのため、1320年、スコットランドの最も勢力のある貴族たちは、アーブロース宣言として今日知られている文書を作成するために集まりました。それはスコットランドの独立を宣言し、教皇にロバートを国の統治者として認めるよう要請しました。しかし、その年の後半に貴族たちが受けた反応は、宣言が元から効果的ではなかったことを示していました。教皇はスコットランドの要求を拒絶しただけでなく、自己宣言された独立を認めることもしませんでしたが、スコットランドとの交渉において平和的な解決を追求するようイングランドに促しました。しかし、数年後、宣言の影響によって教皇にロバートと彼の王国を認識させ、平和条約によってついにスコットランドをイングランドの脅威から解放した後のことでした。

今日、アーブロース宣言はスコットランド史で最も称賛される文書の1つです。一部の歴史家は、証拠はありませんが、それがアメリカの独立宣言に影響を与えたと主張しています。しかし、アーブロース宣言を歴史的に特別なものとする要因は、国王はスコットランドの人々の承認を得た場合にのみ統治することができるという主張です。具体的には、貴族たちはこの文書を使って、彼らを裏切る統治者を排除する権利を大胆に主張しました。この意味で、この文書は国の統治者とその国民との契約の先駆的な例であり、統治者は人々が自由な社会で生きられるようにする責任を負うものとされました。

(5)-A

【解答】 3

【設問と選択肢の訳】

スコットランドのアレクサンダー3世王の死後、何が起こりましたか。

1 スコットランドは、エドワード1世王をだましてジョン・ベイリオルを選ばせることに成功したが、エドワード1世王にとってそれが望ましいことではなかった。

2 エドワード1世王は、ジョン・ベイリオルの王位獲得の試みを支持しなかったスコットランドの貴族たちの忠誠心に疑問を抱き始めた。

3 **エドワード1世王は、スコットランドへの影響力を増大させるために、この状況を自分に有利に使おうとした。**

4 スコットランドはフランスの軍事力に脅威を感じたため、国との外交関係が悪化した。

Theme 1
Theme 2
Theme 3
Theme 4
Theme 5
Theme 6
Theme 7
Theme 8
Theme 9
Theme 10
Theme 11
Theme 12

解 説 アレクサンダー3世王の死後の部分を探します。第1段落3文目に Edward, who himself had ambitions to ultimately rule Scotland, agreed only on the condition that the new leader pledged loyalty to him.「エドワードは自身も最終的にはスコットランドを支配したいという野望を持っており、新しい指導者が彼に忠誠を誓うことを条件に同意した」とあり、彼の言うことを聞くことが条件ということがわかるので、正解は **3** King Edward I attempted to use the situation to his advantage in order to increase his power over Scotland.「エドワード1世王は、スコットランドへの影響力を増大させるために、この状況を自分に有利に使おうとした」になります。to ultimately rule Scotland = to increase his power over Scotland の言い換えになっています。

1 はエドワードの意志でジョンを選んでいるので不正解。**2** はジョンが王様になることをサポートしていないスコットランドの貴族の忠誠心に疑問を抱いているかは述べられていないので不正解。**4** はフランスと対峙していたのはスコットランドではなく、イングランドなので不正解。

(5)−B

解 答 4

設問と選択肢の訳
ロバート・ザ・ブルースがスコットランドの王になった後、彼はどのような問題に直面しましたか。

1 優れた軍事指導者であったが、政治的なスキルが不足してイングランドとの合意が不十分な交渉をすることになった。
2 彼が宗教に関してライバルと対立したため、多くのスコットランド人が彼を支持しなくなった。
3 スコットランドとイングランドとの宗教的な違いが、再びスコットランドが攻撃される可能性を高めた。
4 権力を得るために彼が行ったことが原因で、スコットランドはイングランドからの脅威に対して必要な支援を得ることができなかった。

解 説 第2段落3文目に Robert was crowned king of Scotland in 1306, and although he enjoyed tremendous support domestically, he had angered the Pope, the leader of the Roman Catholic Church.「ロバートは1306年にスコットランドの王に即位し、国内で広範な支持を受けたが、彼はローマ・カトリック教会の指導者である教皇を怒らせていた」とあり、元々イングランドからの独立を試みており、スコットランドでは支持が得られたものの、他からは得られていません。また、4文目には、彼が行った愚行が書かれています。よって、それをまとめている **4** Because of the things he had done to gain power, Scotland could not get the support it needed to be safe from England.「権力を得るために彼が行ったことが原因で、スコットランドはイングランドからの脅威に対して必要な支援を得ることができなかった」が正解です。

1 は彼は政治的優位性を獲得したとあるので不正解。**2** は宗教に関する不一致はどこにも述べられていないので不正解。**3** はスコットランドとイングランドの宗教の違いについては述べられていないので不正解。

(5)−C

解 答 2

設問と選択肢の訳
アーブロース宣言が書かれた年に、

1 教皇はスコットランドの国としての独立を認識することを優先事項と考えていたことが明らかになった。
2 教皇は、ロバートもスコットランドも認めていないにもかかわらず、イングランドとスコットランドの間の和平を奨励しようと試みた。
3 スコットランドが教皇から助けを得ようとする試みによって、イングランドとスコットランドの間の和平の約束が危険にさらされた。
4 スコットランドは十分な国際的な認識を得ており、教皇にロバートを国の真の王と認めさせることができた。

解 説 第3段落6文目に The Pope not only refused Scotland's request but also failed to confirm its self-proclaimed independence, although he did urge England to pursue a peaceful resolution in its dealings with the nation.「教皇はスコットランドの要求を拒絶しただけでなく、自己宣言された独立を認めることもしなかったが、スコットランドとの交渉において平和的な解決を追求するようイングランドに促した」とあり、教皇に要求（第3段落3、4文目から、1320年につくられたアーブロース宣言の内容であるスコットランドの独立とロバートを王様だと認めることとわかります）を聞き入れてもらいたかったが、断られたことがわかります。しかし、イングランドに平和的な解決を促していたこともわかるので、**2** the Pope attempted to encourage peace between England and Scotland despite not acknowledging either Robert or his country.「教皇は、ロバートもスコットランドも認めていないにもかかわらず、イングランドとスコットランドの間の和平を奨励しようと試みた」が正解です。encourage peace between England and Scotland = urge England to pursue a peaceful resolution、despite not acknowledging either Robert or his country = The Pope not only refused Scotland's request but also failed to confirm its self-proclaimed independence が言い換えになっています。

1 はスコットランドの独立を優先事項とする記述はないので不正解。**3** はスコットランドが教皇から助けを得ようとしたからイングランドとの和平が脅かされたわけではないので不正解。**4** はスコットランドが国際的な認知を得たのは数年後なので不正解。

(5)–D

解答 2

設問と選択肢の訳

アーブロース宣言の一般的な解釈の1つは何ですか。

1 それは、ロバートが実際は人々が元々考えていたよりもずっと優れた指導者であったことを示している。

2 それは、国の統治者がその国民に対して持つべき責任の新しい見方をもたらした。

3 それは、当時のスコットランドの統治者と貴族との間には学者たちがかつて信じていたよりはるかに大きな対立があったことを明らかにしている。

4 それは、国王や女王が国を統治することでは有益な政府のシステムは実現しないと示唆していた。

解説 第4段落4文目に the document was a pioneering example of a contract between a country's ruler and its people「この文書は国の統治者とその国民との契約の先駆的な例であり」とあり、この文章は統治者と国民の間における契約の先駆的なもの、つまり統治者が国民にするべきことを新しい見方で伝えていることがわかるので **2** It brought a new way of looking at the duty that a country's ruler had to the people he or she was governing. 「それは、国の統治者がその国民に対して持つべき責任の新しい見方をもたらした」が正解です。pioneering ＝ new がわかると解きやすいです。

1 はロバートに対する評価の違いは述べられていないので不正解。**3** はスコットランドの統治者と貴族の間での対立の規模については述べられていないので不正解。**4** は王様や女王のなどの話は述べられていないので不正解。

ここまでお疲れ様でした。
本番でも実力を発揮できるよう、間違えた問題をもう一度振り返って復習しておきましょう。

執筆協力

奥野 信太郎 (おくの しんたろう)

群馬県高崎市にある「英語専門塾セプト」塾長。地元、福井県の全日制高校と定時制高校でさまざまな生徒に英語を教えてきた。英検1級。著書は『Reading Flash』シリーズ、『英文速読マスター 標準編・発展編』(以上、桐原書店)、『イチから鍛える英文法』シリーズ、『キリトリ式でペラっとスタディ！ 中学英語の総復習ドリル』(以上、Gakken) など多数。英語の音読学習アプリ「音読メーター」の開発にも携わる。大学在学中、南アフリカに長期滞在し、アフリカの大自然の中でキャンプを楽しんでいたという異色の経歴を持つ。

角脇 雄大 (かどわき ゆうだい)

代々木ゼミナール、英語専門塾セプト講師。英検1級。生徒に英語を学ぶ面白さを伝えることによって学習を加速させ、「英語学習のエンジンを積ませる」ことをモットーに授業を行う。「音読メーター」および「英語問題作成所」の活動にも携わる。著書に『英文速読マスター 標準編・発展編』(桐原書店) がある。

増田 広樹 (ますだ ひろき)

武田塾豊洲校校舎長兼エリアマネージャー。IELTS・英検コーチ。東京学芸大学教育学部英語科卒業。公立高校で4年間、中高一貫の私立校で6年間英語科教員として勤務。英検1級、IELTS OA7.5、英単語検定1級、TOEIC965点、TOEIC S / W350点。
X (旧・Twitter) :@HirolearnIELTS

本文デザイン：株式会社ワーク・ワンダース
本文イラスト：德永明子
音声収録：英語教育協議会 (ELEC)
音声出演：Howard Colefield、Jennifer Okano

memo

memo

武藤　一也（むとう　かずや）

東進ハイスクール・東進衛星予備校講師。「音読メーター®」開発者。
Cambridge CELTA Pass Grade A（全世界の合格者の上位約5％）。英
検1級。TOEIC990点満点。TOEIC S／W各200点満点。
著書に『イチから鍛える英語長文』シリーズ、やり直し英語の『キリト
リ式でペラっとスタディ！中学英語の総復習ドリル（ペラスタ）』（以上、
Gakken）、『【共通テスト】英語〔リスニング〕ドリル』（ナガセ）、『英
文速読マスター』シリーズ（桐原書店）など多数。
Cambridge CELTAを日本式にアレンジした授業は、多くの英語学習者
に支持され、企業研修・学校での講演も多数。これまでの常識にとらわ
れない次世代の英語講師。
公式サイト：https://mutokazu.com/
音読メーター：https://ondokumeter.jp/

森田　鉄也（もりた　てつや）

武田塾English Director。武田塾豊洲校、高田馬場校、国立校、鷺沼校
オーナー。慶應義塾大学文学部英米文学専攻卒業、東京大学大学院人文
社会系研究科言語学修士課程修了。アメリカ留学中に英語教授法TEFL
を取得。CELTA取得。TOEIC990点満点（90回以上）、TOEIC S／W各
200点満点、英検1級、TOEFL660点、TEAP満点、GTEC CBT満点、
ケンブリッジ英検CPE取得、日本語教育能力検定試験合格等の実績を誇
る。
主な著書に『TOEIC TEST 単語特急 新形式対策』『TOEIC L&R TEST
パート1・2特急 難化対策ドリル』（以上、朝日新聞出版）などがある。
また、共著に『TOEIC TEST 模試特急 新形式対策』（朝日新聞出版）、
『ミニ模試トリプル10 TOEIC® L&Rテスト』（スリーエーネットワーク）、
『イチから鍛える英語リスニング 必修編』『イチから鍛える英語リスニ
ング 入門編』（以上、Gakken）など多数ある。
X：@morite2toeic
YouTube：Morite2 English Channel
　　　　（https://www.youtube.com/morite2channel）

かいていばん ちょくぜん げつ う えいけんじゅん きゅう
改訂版　直前1カ月で受かる　英検準1級のワークブック

2024年1月29日　初版発行
2024年6月10日　3版発行

　むとう　かずや　もりた　てつや
著者／武藤　一也・森田　鉄也

発行者／山下　直久

発行／株式会社KADOKAWA
〒102-8177　東京都千代田区富士見2-13-3
電話　0570-002-301（ナビダイヤル）

印刷所／株式会社加藤文明社印刷所

製本所／株式会社加藤文明社印刷所